2000億円超を運用した
伝説のファンドマネジャーの

株トレ

世界一楽しい
「一問一答」
株の教科書

窪田真之

ダイヤモンド社

はじめに｜クイズを解くだけで、株のトレード技術が身につく

本書には、クイズが60問用意されています。クイズを楽しみながら株のトレードで勝つ技術を身につけてください。

初心者の方は、当てずっぽうでも結構です。直感でクイズに挑戦してみてください。クイズを繰り返すうちに、自然と株のチャートの見方がわかるようになります。

ベテラン投資家の方でも、「わかっていたつもりが意外とわかっていなかった」と、新しい発見があるはずです。

私は日本株のファンドマネジャーとして25年間、年金・投資信託・海外ファンドの日本株を運用してきました。2,000億円以上のファンドを動かしてTOPIX（東証株価指数）を大幅に上回るパフォーマンスをあげてきました。ファンドマネジャー時代に何万回ものトレードを通じて身につけた「トレードで勝つ技術」を本書にぎゅっと凝縮しました。

分厚いテクニカル分析の教科書で勉強しても、実戦に強い投資家になれません。実際にたくさんのトレードをしないとわからないことがたくさんあります。本書は、60題のクイズを解くことで、私が何万回ものトレードで体験したことを疑似体験できるように作られています。

■ 株で稼ぎたいなら「チャート」を見よ

小型成長（グロース）株でテンバガー（10倍株）を狙うならば、チャートを見る必要があります。チャートを見るとは、失敗した時に速やかに損切りできる準備をしておくということです。これは、私が日本株ファンドマネジャーとして、過去25年に渡って数々の小型成長株に投資してきた時に鉄則として肝に銘じてきたことです。

小型成長株を安いところで買ってうまく上昇気流に乗れば、あっというまに株価が2倍になることはよくあります。買った銘柄がすぐ急騰すれば痛快です。しかし、その逆もあります。みなが熱狂する小型株を買った途端に悪材料が出て急落、あれよあれよという間に半値、ということもあります。

小型成長株で稼ぐ人と大損する人を分けるのは何でしょう？　銘柄選択力でしょうか？

　確かに、銘柄選択力も大切です。でも、それよりもっと重要なことがあります。「チャート」を見る力と、失敗した時にすばやく損切りする「決断力」です。

　もし、あなたがビルの階段を上っている時、上からたくさんの人々が恐怖の表情を浮かべて階段をかけ下りてきたらどうしますか？　なんだかわからないけれど、何かの危険が迫っていると考えて、とりあえず一緒に階段を駆け下りるのではないでしょうか。チャートを見てすばやく損切りするというのは、そういうことです。

「成長ストーリーが終わった」と誰が見ても明らかなチャートが表れた時は、「三十六計逃げるにしかず」。利益確定、損切りにかかわらず速やかに売る必要があります。迷っていると損が大きくなります。すぐに動くことが必要です。

　大切なのはきちんとチャートを見ること、そして、危険だと思ったら益出しでも損切りでも関係なく、売る決断をすることです。

「チャートの見方がわからない」と心配する必要はありません。ごく簡単なポイントだけ押さえておけば、複雑なテクニカル指標などまったく見なくても「売り」判断はできます。本書で、しっかりチャートの見方をトレーニングしてください。

■ 夢のような成長株で何回も損する人がいる

　小型成長株には値動きが荒く売買タイミングが難しいものが多数あります。特に人気株は、急騰急落を繰り返すので要注意です。

　次のチャートは、私が過去に売買してきた小型成長株の典型的な株価変動パターンを描いたチャートです。

　黎明期・急成長期・成熟期の３つのステージがそれぞれ５年続く成長企業をイメージしています。

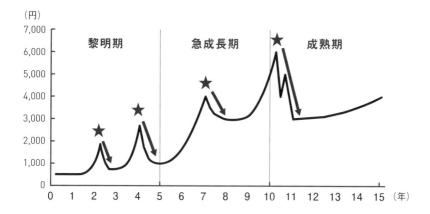

（1）黎明期：利益は出ないが、将来、大きな夢がある時期です。

（2）急成長期：売上高と利益が大きく伸びる時期です。

（3）成熟期：最高益の更新は続くものの、年率５％程度しか増益しなくなります。

　この株を、黎明期の安値（500−600円）で買い、急成長期の高値（5,000−6,000円）まで持てば、その時点でテンバガー（10倍株）達成です。また、急成長期の高値で売りそこなって長期保有となっても、黎明期の安値で買っていれば、かなりの株価上昇を享受していることに変わりはありません。

　ただし、この夢のような成長株であっても、チャートも見ずに他人の推奨だけを鵜呑みにして投資すると、大損することがあります。というのは、いわゆる株式評論家がこの株を「すばらしい」と勧めるのは、チャートの中で、星印（★）をつけたタイミングが多いからです（本当です）。

　いい話がいっぱいあって、株式市場で人気沸騰して、株価が大きく上昇した高値で買ってしまうと、チャートの矢印で示した通り、株価があっという間に半値になることもあります。このように、長期的に上昇していく成長株でも投資タイミングが悪いと大きな損失を出すこともあります。

　しかし、チャートを見て、損切りする決断ができれば問題ありませ

ん。買った途端に暴落するような銘柄は「失敗」が明らかです。失敗したら、撤退するだけです。チャートを見て10%くらい下がったところで、売ってしまえば良いことです。

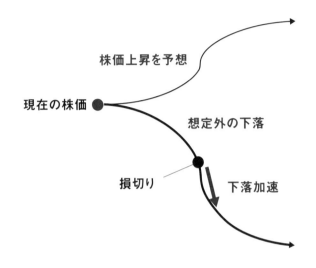

　失敗したら逃げる。成功したらどんどん攻める。この単純なアクションを迷いなくできることが大切です。

　言うのは簡単でも、実行するのは難しいものです。実戦で勝つ力を身につけるには、実際のチャートを見て投資判断するトレーニングを繰り返す必要があります。

　株の取引をシミュレーションするつもりで、クイズに挑戦してください。クイズを繰り返し解くことによって、私がファンドマネジャー時代にやってきた何万回ものトレードを疑似体験できます。

　それでは、さっそく買いシグナル・売りシグナルの見方と使い方を、第1章からトレーニングしていきましょう。

2021年11月　窪田真之

2000億円超を運用した伝説のファンドマネジャーの

株トレ

世界一楽しい「一問一答」
株の教科書

Contents

第 2 章 移動平均線を読む

第4章 チャートの節を読む

第 6 章 トレンドかボックスか見分ける

売買高の変化
を読む

■ 売買高は人気のバロメーター

株価チャートを見る時、株価だけでなく、いっしょに売買高の変化を見る習慣をつけましょう。売買高の増加、あるいは減少に重要な情報が含まれているからです。

売買高増加は、一般的に人気上昇を示します。

 これだけは、覚えておこう！

・売買高が多い＝人気が高い
・売買高が少ない＝人気が低い

・売買高が増加＝人気が高まりつつある
・売買高が減少＝人気が低下しつつある

安値圏で売買高が少なかった銘柄が、急に売買高が増えて上昇する時、「買いシグナル」が出ることがあります。何らかの買い材料が出て、買い始めた人がいると考えられます。どんな材料が出ているかわからなくても、売買高の増加と株価の動きから「何かいい話が出ている」と想像することができます。

逆に、高値圏で大商い（売買高が大きい）銘柄の売買高が徐々に減少していく場合には、「売りシグナル」が出ます。人気が離散し、下落に転じる可能性が高まっていると判断できます。

ただし、上記には例外があります。売買高が急増している時に、株価が急落しているケースがそうです。悪材料が出て急いで売る投資家がいる場合で、人気の急低下を示します。

1番最初にどこを見る？

このチャート、売り、買い、どっち？

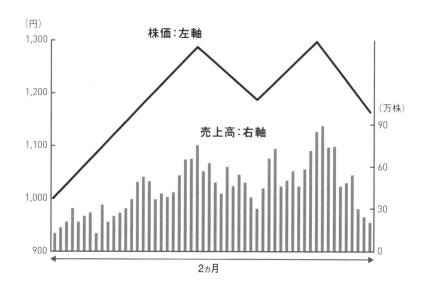

ポイント 「シグナル」とは?

「チャートだけでは今後の株価はわかりません」と言う人もいます。その通りです。チャートのパターンや売買高を見るのは、統計的に今後上がる可能性が高いか低いかを判断するためです。統計的に7割の確率で上昇するチャートのパターンであれば、それは立派な「買いシグナル」です。7割の確率で下がるパターンなら立派な「売りシグナル」です。

　シグナルが必ず当たるわけではありません。7割の確率で当たるということは、3割の確率で外れるということです。チャート判断とは、そのようなものです。

3つの理由から売りと判断できます。

1つ目の理由は、二番天井をつけたことです。2つ目の理由は、売買高の減少です。3つ目の理由は、安値更新です。

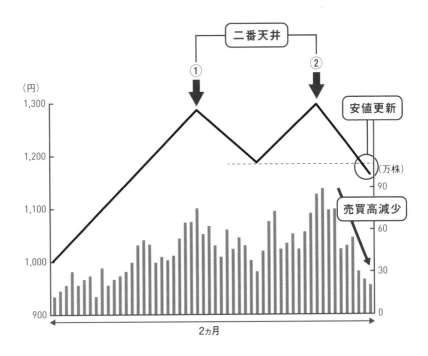

株価は二番天井をつけて下落。1回天井をつけただけでは「押し目」（上昇トレンドの中での一時的な下落）と思って買う人がいますが、2回上値をトライして失敗すると、買い手が減ります。そのため、売買高が減少して安値を更新。ここから下げ加速の可能性もあります。

02

下落後の上昇はチャンス？　それともワナ？

このチャート、売り、買い、どっち？

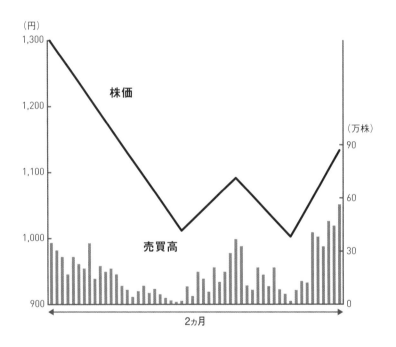

（円）
1,300

1,200

株価

1,100

（万株）
90

1,000

60

売買高

30

900

0

2ヵ月

(!) ヒント　逆さチャート

　このチャートは、Q1のチャートの上下を逆さにしたものです。売買高のトレンドも逆になっています。

　Q1のチャートでは、株価が高値から下がる中で、売買高が急速に減少していました。このチャートは逆で、株価が安値から上昇していく中で、売買高が急速に増加しています。

　3つの理由から買いと判断できます。1つ目の理由は、二番底をつけたことです。2つ目の理由は、売買高の増加です。3つ目の理由は、高値更新です。

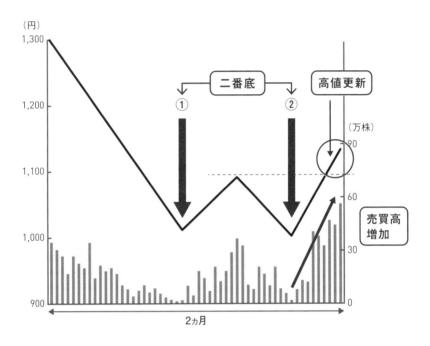

　株価は、「二番底」をつけて上昇という買いパターンになっています。直近の高値を抜けていて、ここから上昇に弾みがつきそうです。
　売買高が急増していることも重要です。何か好材料が出て、積極的に買い始めた投資家がいると考えられます。

買った途端に急落！

Q2 の続きです。買いシグナルが出たところで 100 株買ったら、直後に急落してしまいました。

ここから売り、買い増し、様子見、どうする？

買いシグナルが出て 100 株買ったのですから、株価が下がったところでさらに 100 株、買い増しすべきでしょうか？　あるいは、買いシグナルで買ったのに下がってしまって嫌な気分なので、さっさと売ってしまいましょうか？　よくわからないから、しばらく様子見？

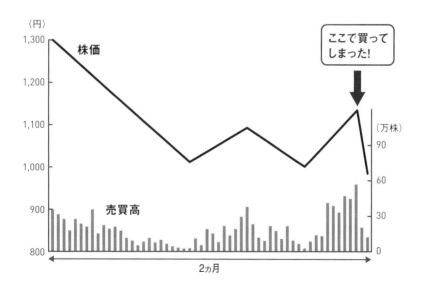

（円）

株価

1,300

1,200

1,100

1,000

900

800

ここで買ってしまった！

（万株）

90

60

30

0

売買高

2ヵ月

■ 勝てる投資家ほど、あきらめが早い

　三十六計逃げるにしかず。どんな買いシグナルも、それを打ち消す「強い下げ」が出れば、「強い売りシグナル」に変わります。

　売りシグナルが出てしまった以上、運が悪かったとあきらめて、買ったばかりの株は、すぐに損切りするしかありません。それができれば、あなたはかなりの上級者です。ショックを受けて、何もしないのは初心者です。

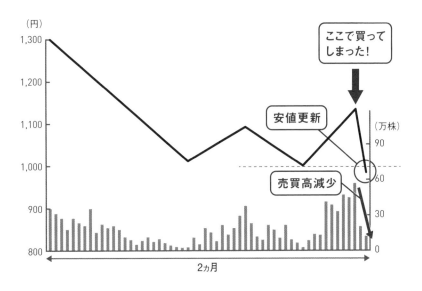

　売買高が減少し、安値を更新しているので、放っておくと、ここから下げが加速するかもしれません。

　もっと悪いのは、意地になって買い増しすることです。ここからの下げでさらに大きなダメージを受けることになります。

■ チャートのシグナルはそれでも有用

「買いシグナルで買ったのに、すぐに損切りしなければならないことがあるなんて……チャートのシグナルなんかあてにならない！」と思いませんでしたか？

　チャートのシグナルは、所詮そんなものです。7割の確率で当たれば、立派なシグナルです。外れた時には、損切りすれば良いだけのことです。

　それでも、チャートのシグナルを見て売買するのには意味があります。7割当たる買いシグナルで買って、そのまま株価が上昇すれば利益が得られます。もし3割の確率で外れて下がってしまったら、その時はさっさと損切りするだけです。

　7割当たるパターンのチャートで何回も何回も勝負を繰り返せば、長期的には利益を積み上げていくことができるはずです。

　デイ・トレーディングで利益を積み上げていって「億り人（1億円以上の金融資産を持つ人）」になる人は、それがわかっていて、実行し続けた人です。

■ 2回連続で7割シグナルが当たる確率は49%

　以下に、70%の確率で当たるシグナルで、2回続けて売買した時の結果を示します。

	1回目	2回目	確　率
ケース1	◎	◎	49%
ケース2	◎	✕	21%
ケース3	✕	◎	21%
ケース4	✕	✕	9%

（◎は当たり、✕はハズレを示す）

2回連続でシグナルが当たる確率は49%（約半分）しかありません。つまり、7割当たるシグナルで売買しても、2回に1回は外れると考えるべきです。シグナルが外れても、「これはよくあることだ」と思ってください。

 これだけは、覚えておこう！

・どんな買いシグナルも、直後にそれを打ち消す強い下落があれば、強い売りシグナルに変わる。
・どんな売りシグナルも、直後にそれを打ち消す強い上昇があれば、強い買いシグナルに変わる。

Q
04

右肩上がりだけれど……

　約2ヵ月前に以下の株を1,100円で100株買ったら、すぐに上昇。ただし、しばらくすると、やや上値が重くなってきました。

ここから売り、買い増し、様子見、どうする？

　1,100円で買った株が、足元1,264円です。買い値より164円高いので「含み益」がある状態です。含み益が「絵に描いた餅」に終わらないうちに、利益確定売りしたほうが良いでしょうか？

　それとも、ここはどんどん攻めるところと考えて買い増し？　あるいは、よくわからないから、様子見？

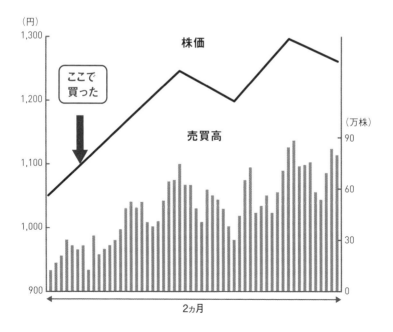

　株価は、上値・下値とも切り上げており、上昇トレンドを保っています。売買高は高水準を保っています。人気は落ちていません。ここで売ってはもったいない。

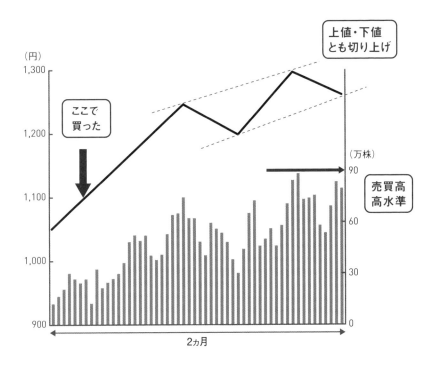

■ 初心者ほどやってしまいがちなこと

　ちょっと上がると、すぐに売ってしまうのが、個人投資家・初心者の悪いクセです。逆に、下がって買い値を下回ると、塩漬け（売らないで長期保有）にしてしまうのも、初心者の悪いクセです。

実際のチャートにチャレンジ

このチャート、売り、買い、様子見、どうする?

　いよいよ実戦。過去に実際にあった、ある銘柄の1年3ヵ月間の株価チャートから作っています。銘柄と時期は伏せています。

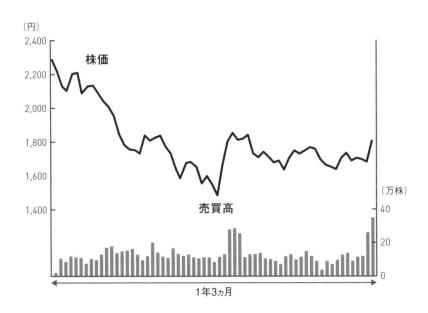

🔑 ポイント　先入観が投資判断を狂わせる

　銘柄や時期を伏せるのは、チャートだけを純粋に見てもらうためです。実戦でチャートを見る時、いかに先入観を排除して、純粋にチャートを見るかがきわめて重要です。「最先端のバイオ技術を持ったすばらしい企業だ」といった先入観があると、明確に売りシグナルが出ていても、目に入らなくなることがあります。

■「三角もちあい」を覚えておきましょう

出題したチャートは、「三角もちあい」が収束したところから、株価が勢いよく上放れしたところでした。売買高が大きく増加しています。売買高は人気のバロメーター。急に人気が出て、上昇が始まったと考えられます。

実際、株価は次のチャートの通り、その後大きく上昇しました。

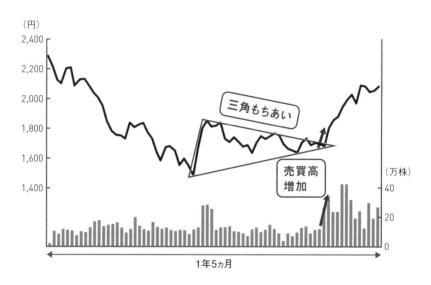

ここで「買い」と判断するのに、一番重要な根拠は、売買高の変化です。売買高が急増しているということは、何らかの情報にもとづいて「ヨッシャー！」と買い始めた投資家が、たくさんいると思われます。その流れについていくべきです。

もし、売買高が増えないまま、ただ株価だけ上がっているならば、あまり信頼できる買いシグナルとはいえません。「三角もちあい上放れ」には「だまし」もよくあるからです。売りが少ない中で、たまたま株価が上がっただけで、この後、売りが増えて下がってしまうかもしれません。

でも、このチャートでは売買高が急増しています。明らかに、何かの

好材料が出たはずです。しかも、売買高が急増してから日が浅いので、出てきた材料は新しいと思われます。このパターンならば「買い」でついていって、7割以上の確率で勝てるでしょう。

■「三角もちあい」を生み出す投資家の心理

株価チャートをよく見ると、あちこちに三角形ができていることに気づきます。出題したのは、超特大三角もちあい。他にも、1週間や数日単位で作られる三角もちあいをよく見ます。1日の値動きの中にも、小さな三角形がよくできます。

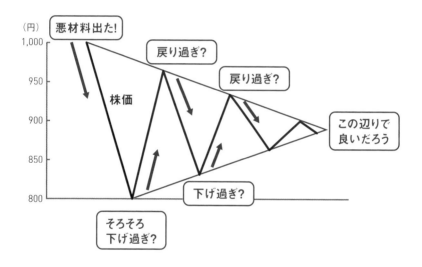

三角形ができる理由はシンプルです。
（1）相場はいつでも行き過ぎる
（2）行きつ戻りつしながら収束点を探す
（3）それが三角形の形成につながる

■ 三角もちあいの心理戦

三角もちあいのトレードでは、買いが優勢となって相場が上放れるか、あるいは売りが優勢となって下放れるか、はっきりするまで辛抱強く待つ必要があります。そして、買い方売り方のどっちが優勢かはっき

りした瞬間にトレンドに乗る必要があります。

　けっして先入観を持たずにトレンドが出るまで辛抱強く待つ必要があります。それは戦国時代、天下分け目の戦いと言われた関が原の戦いの心理戦に似ています。

　結果は東軍率いる徳川家康が勝利し、家康の天下取りが決定的になりましたが、最後の最後までどちらが勝つか読みにくい状況が続きました。

　この戦いが始まる前の数ヶ月、諸大名は壮絶な心理戦に明け暮れました。負け方につけば滅亡が待っているため、どちらが勝つかギリギリまで読まなければならなかったのです。

　吉川広家は、西軍につきながら、家康に味方する書状を送り、二股をかけていました。真田信幸・幸村兄弟は、家の存続を図るため、東西両軍に分かれました。西軍についた幸村は家を失いましたが、家康についた信幸が真田家を江戸時代まで存続させます。

　関が原の戦闘は当初西軍有利で進みましたが、西軍方の小早川秀秋が裏切って東軍勝利に終わります。脇坂・朽木・小川・赤座などの小大名は西軍として前線に立ちながら、東軍優勢となった瞬間にあわてて東軍に寝返りました。みな生き残るために必死だったのです。

　株式相場でも、買い方が勝つか売り方が勝つか、まったく読めない状態で膠着してしまう「三角もちあい」が出てきた時は、どちらが勝つか見きわめるまで動かないのが鉄則です。どちらが勝つか見えた瞬間、上放れまたは下放れした瞬間が、流れに乗って稼ぐトレードチャンスとなります。

Q 06 直感をバカにできない

このチャート、売り、買い、様子見、どうする？

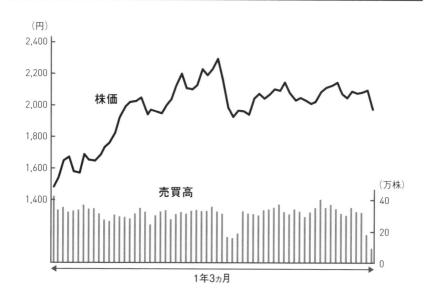

（円）

株価

売買高

（万株）

1年3ヵ月

🔑 ポイント　右脳を働かせよう！

　私たちの脳は、左脳と右脳で、働きに違いがあることがわかっています。左脳は、主に言語・計算・論理的思考を担当しています。右脳は、主に直感・イメージ・ひらめきを担当しています。

　株式投資では、左脳と右脳が、バランス良く働くことが大切です。財務諸表を読み、将来の利益を予測して売買するのは左脳の仕事です。チャートから流れを読むのは、右脳の仕事です。

　皆さんは、右脳派・左脳派、どっち？

第1章　売買高の変化を読む

31

（円）
三角もち合い
売買高減少
（万株）
1年5ヵ月

　出題したチャートは、三角もちあいが収束したところから、株価がド
スンと落ちたところでした。売買高が急減しています。売買高は人気の
バロメーター。何か悪い話が出て買い手がいなくなる中、急いで売って
きている投資家がいると思われます。株価はその後、さらに大きく下落
することとなります。

　右脳を軽く見てはいけません。チャートには「投資家の心理＝右脳の
判断」が表れています。左脳は買いだと言っても、強烈な売りシグナル
が出ていれば、多くの投資家の右脳が売りだと言っているのかもしれま
せん。「すばらしい株と言われているけど、なんとなくイヤな予感がす
る」。みんなが熱狂していた成長株がボロボロになっていく瞬間です。

　既に気づいた人がいると思いますが、このチャートはQ05のチャー
トの上下をひっくり返した「逆さチャート」です。上下を逆にすると、
売りと買いの判断も逆になります。

07 上昇の色々なパターン

A社、B社、C社、買うなら、どれ？

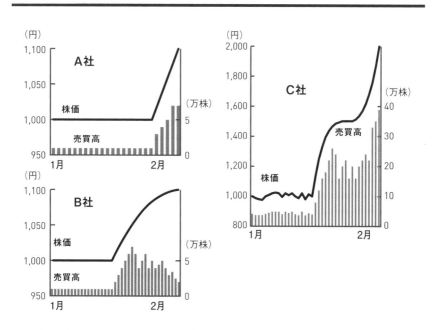

🔑 ポイント　たくさんのチャートを一気にチェックするコツ

　私はファンドマネジャー時代、毎週土日に、新しいチャートブック（週足集）を開いて、東証一部全銘柄のチャートを見ていました。大量の銘柄を見るので、1銘柄に数秒しかかけず、サッサと投資判断を下します。○（買い）・△（中立）・×（売り）の3段階評価です。会社名、世間の評判や業績はいっさい考慮にいれず、株価と売買高だけで判断します。A社、B社、C社のチャートで、私の付け方で○が付くのは、1つだけ。こういうチャートを見つけたら、月曜日に少し買ってみます。

■ 急騰の初動をつけ!

　私が最も信頼している買いシグナルは「急騰の初動」です。長らく売買高が少なく値動きが乏しかった銘柄で、突然、売買高が急増して急騰したところが、最も信頼できる買い場です。A社株はその状態です。

　B社もC社も急騰の初動、売買高が急増したところで買えば、絶好の買いでした。でも、今となってはもう遅いです。

　B社は売買高が減り、人気が離散。C社は人気過熱、短期的な上昇率が高過ぎて、高値警戒感が出るところです。

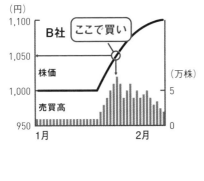
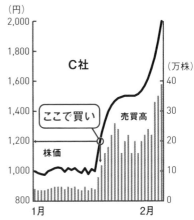

08

売るべきは利益が出てる株? 損してる株?

D社とE社、どちらも1,300円の時に100株買って保有していたところ、以下のような値動きとなりました。今、急に資金が必要で、どちらか1つを売却しなければならなくなりました。

ここで売るなら、D社、E社、どっち?

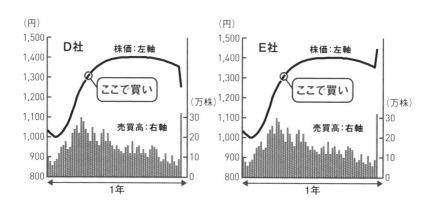

⚠️ **ヒント　損切りが先か利確が先か?**

どちらも、約1年前、株価1,000円の時に何らかの好材料が出て、売買高を増加させながら株価が急騰しました。ただし、その材料も今や株価に織り込み済み。株価1,400円近くで売買高が減り、値動きが乏しくなっていたところ、どちらも突然、売買高が急増。D社は急落、E社は急騰しています。

D社は株価が1,250円まで下がっているので、ここで売れば損切り(損失確定の売り)です。E社は株価が1,450円まで上がっているので、ここで売れば利確(利益確定の売り)です。

■ 売買高を伴う急落は強い売りシグナル!

「売買高は人気のバロメーター」「売買高増加は人気上昇を示す」と前段で述べました。ただし、それには例外があります。

D社がその例外です。高値圏で売買高の増加と同時に、株価が急落しているD社の投資判断は「売り」です。何らかの悪材料をつかんだ投資家が、大慌てで売ってきていると考えられるからです。この後、その悪材料が広く知られれば、売りに回る投資家が増えると予想されます。

E社は、売買高の増加が人気上昇を示しています。何らかの好材料が出て、投資家が大急ぎで買ってきていると考えられます。株価は高値を抜けており、ここから一段高になることが期待できます。

■ お金を増やせる投資家と増やせない投資家の違い

個人投資家の多くが、一番直さなければならない悪いクセは、「上がるとすぐ売りたくなる、下がると売れなくなる」ことです。資金が必要になった時、株価が上がっているE社を売り、下がっているD社を残す人が多い。結果として、好材料が出た銘柄を売り、悪材料が出た株を持ち続けることになります。

悪材料が出て急落している株は、たとえ損切りであっても売るべきです。買い値まで戻ったら売ろうという考えを持つべきではありません。

F社とG社、買うならどっち？

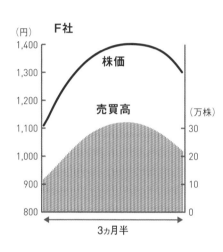

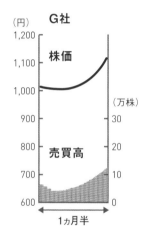

3ヵ月半

1ヵ月半

🔑 ポイント　逆ウォッチ曲線

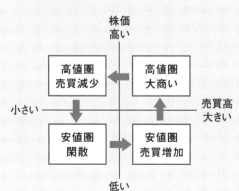

株価が上昇下落を繰り返す時、売買高は左の図のように増減します。反時計回りに動くことが多いので、逆ウォッチ曲線と呼ばれます。

　G社には、何か好材料が出ているようです。売買高増加を伴って、株価が上昇しています。F社は人気離散。売買高が減少し、株価が下がり始めています。

　F社・G社は、株価・売買高が「逆ウォッチ曲線」にぴったり当てはまった動きをしているチャートの一部です。

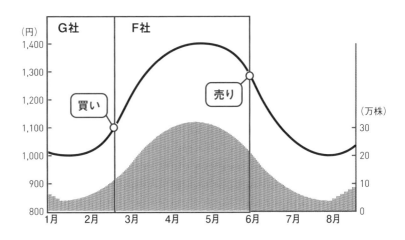

　安値圏で売買高が増加したところが「買い」、高値圏で売買高が減少してきたところが「売り」と判断します。

Q 10　初動に乗る

H社、I社、J社、買うならどれ？

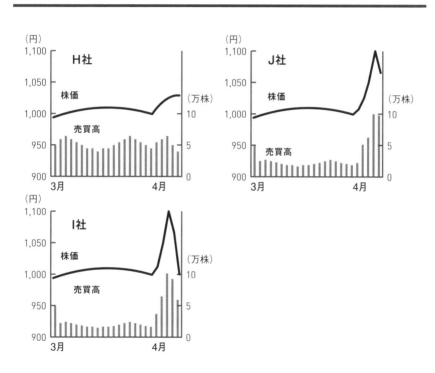

！ ヒント　好材料に株価が反応か？

　チャートを読むとは、株価の動きから「自分の知らない情報」を読み取ることです。3社とも、3月中は株価が1,000円前後で膠着。好材料も悪材料もなかったと考えられます。ところが4月に入り、3社とも株価が上昇。好材料が出た可能性があります。株価が動き始めてまだ1週間ほどしか経っていないので、4月に出た好材料は新しいと言えます。

第1章　売買高の変化を読む

■ 急上昇後の下げをどう見る？

　チャートを見た私の投資判断は、H社「様子見（何もしない）」、I社「売り」、J社「買い」です。

　H社は、4月に株価が上がったといってもほんのわずかで、売買高が増えていません。特に注目すべき買い材料はなく、今後も株価は大きくは動かないと思われます。

　I社は、何らかの好材料が出て一部の投資家が飛びつき買いしたものの、すぐ売りに押されて元の株価まで押し戻されてしまいました。売買高も一度増加したものの、すぐに減少してしまいました。ということは、4月に出た買い材料はニセ情報だったのかもしれません。1,100円でI社株を買った投機筋は、飛びつき買いしたことを後悔しており、ここから損切りの売りを出してくる可能性があります。

　J社は、4月に入ってから株価が急上昇した後、利益確定売りで少しだけ株価が下がったところです。売買高は減っていません。上昇の勢いは維持されており、引き続き、出たばかりの好材料を評価した買いが続くと想定されます。

■ 「半値押し」を下回らなければ、上昇の勢い維持

　一般的に、株価が急上昇した直後の下げが、上昇幅の半値より小さい間は、上昇の勢いが続いていると見なすことができます。

　1,000円から1,100円まで上昇したJ社株価の半値押し（上げ幅の半分値下がりすること）は1,050円です。株価が1,050円を下回らない限り、上昇の勢いは続いていると見なせます。

心理テストで
短期トレードの素質を判定

　短期トレードの素質があるかを、簡単な心理テスト20問で判定します。トレードしたことがない人も「した場合はどうか」想像して、必ず全問を「はい」か「いいえ」で回答してください。

① 　自分に短期トレードの素質あると思いますか？　　（はい・いいえ）

② 　野性の勘や第六感が働くほうですか？　　　　　　（はい・いいえ）

③ 　ニセ情報にだまされやすいほうですか？　　　　　（はい・いいえ）

④ 　ニセ情報を見抜くコツを熟知していますか？　　　（はい・いいえ）

⑤ 　売買を決断できずに何日も迷うことありますか？　（はい・いいえ）

⑥ 　どちらかというと決断力のある方ですか？　　　　（はい・いいえ）

⑦ 　短期トレードをすることは楽しいですか？　　　　（はい・いいえ）

⑧ 　いい銘柄を見つけるのは得意ですか？　　　　　　（はい・いいえ）

⑨ 　失敗した銘柄をすばやく損切りできますか？　　　（はい・いいえ）

⑩ 　失敗したことをいつまでもクヨクヨ悩みますか？　（はい・いいえ）

⑪ 　株価チャートの見方が少しはわかりますか？　　　（はい・いいえ）

⑫ 　急騰している銘柄を天井近くで売れますか？　　　（はい・いいえ）

⑬ 　急落している銘柄を底値近くで買えますか？　　　（はい・いいえ）

⑭ 　失敗が続いても自分を信じ続けられますか？　　　（はい・いいえ）

⑮ 　勝ち続けると油断してワキが甘くなりますか？　　（はい・いいえ）

⑯ 　熱くなると前後の見境がつかなくなりますか？　　（はい・いいえ）

⑰ 　流行に誰よりも早く気づくほうですか？　　　　　（はい・いいえ）

⑱ 　自分の予想はよく当たると思いますか？　　　　　（はい・いいえ）

⑲ 　自分の予想は外れてばかりだと思いますか？　　　（はい・いいえ）

⑳ 　株のトレードで億り人になれると思いますか？　　（はい・いいえ）

■ 心理テストの採点方法と解説

・「①・②・④・⑥・⑦・⑧・⑨・⑪・⑫・⑬・⑭・⑰・⑱・⑳」に「はい」と答えた人は、「はい」１つにつき、５点を計上してください。

・「③・⑤・⑩・⑮・⑯・⑲」に「いいえ」と答えた人は、「いいえ」１つにつき、５点を計上してください。

すべての得点を合計してください。100点満点で何点になりましたか？

点数があまり高くなかった人も、がっかりする必要はありません。テスト結果はあなたがどれだけ自信家であるかを示しているだけだからです。あくまでも自己評価であって、実際の能力を表しているとは限りません。これは自信過剰の人と自信が無さすぎる人に注意を促すための心理テストです。

■ 90点以上の人は要注意

自信過剰の可能性があります。90点以上取ってしまうくらい自信満々だと過剰なリスクをとって失敗した時に身動きができなくなるリスクに気を付けて下さい。

長年にわたってトレードで稼ぎ続けてきた人ほど「相場は難しい」と言います。株式相場では理屈で説明できないことがしばしば起こるからです。相場への謙虚さを失わずにトレードしましょう。

■ 30点以下の人は要注意

30点以下の人は自信が無さ過ぎることが問題になります。自信が無さすぎると決断できません。他人の言葉に影響されやすく、優柔不断になりがちです。

■ 35点以上85点以下の人はバランスが良い

相場に対する自信と謙虚さをバランス良く持っていると考えられます。ちなみに、私は75点でした。

移動平均線
を読む

■ 移動平均線とは？

　移動平均線には、役に立つ情報がたっぷり詰まっています。移動平均には、5日移動平均・25日移動平均・13週移動平均・26週移動平均などがあります。5日や25日は短期トレードで使います。13週・26週は中長期のトレンドを見るのに使います。

　移動平均線とは何か？　5日移動平均を例に説明します。

	8/1 （月）	8/2 （火）	8/3 （水）	8/4 （木）	8/5 （金）	8/8 （月）
株価:円	1,000	1,010	1,020	1,030	1,040	1,050
5日移動平均					1,020	1,030

　この表は連続する6営業日の株価と、5日移動平均を示しています。5日移動平均は、過去5営業日の株価の平均値です。

【8/5の5日移動平均】＝（1000＋1010＋1020＋1030＋1040）÷ 5 ＝ 1020

【8/8の5日移動平均】＝（1010＋1020＋1030＋1040＋1050）÷ 5 ＝ 1030

　5日移動平均線は、このように計算した5日移動平均の変化を線にして、株価チャートに書き込んだものです。

　本書では、13週移動平均線・26週移動平均線を使った中長期トレンド分析をします。買った株を少なくとも1週間、あるいはそれ以上保有することを意図している方に役立つ移動平均線の見方をお伝えします。

　もっと短期のトレードをやりたい方は、本書の中に出てくる13週・26週移動平均線を、5日・10日移動平均線だと思ってみてください。基本的な見方は同じです。

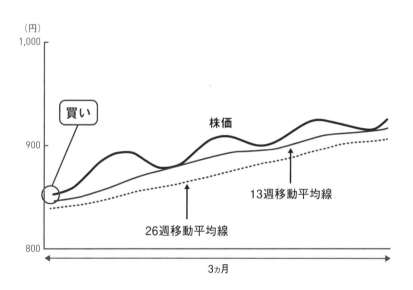

<table>
<tr><td>Q</td></tr>
</table>

11 ゆるやかな上昇

以下の株を3ヵ月前に850円で100株買いました。株価は920円まで上昇したところです。

ここは、売り、買い増し、様子見、どうする?

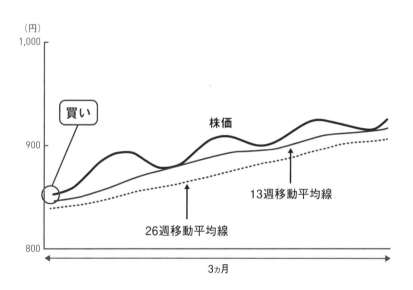

🔑 ポイント 13週と26週

13週移動平均とは、過去13週間（約3ヵ月）の株価の移動平均です。26週移動平均は、過去26週間（約6ヵ月）の株価の移動平均です。

チャートによっては、100日移動平均線と200日移動平均線を掲載しているものもあります。13週は90日程度、26週は180日程度なので、100日・200日移動平均線は、13週・26週移動平均線を、少しだけ長くしたものとして、見ていただければ良いと思います。

　13週・26週移動平均線ともに、ゆるやかな上昇が継続。トレンドに逆らうべきではありません。そのまま保有継続か、買い増しとしましょう。ここで売るべきでありません。

■ 株価と移動平均線の変化の違い

　参考までに、ソフトバンクグループの2018年～19年の株価変動を見てください。株価は、短期的な材料で乱高下していますが、長期的な企業価値変化をあらわす26週移動平均線はゆっくり動き、株価ほど激しくは変動していません。

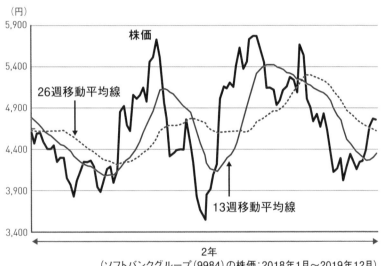

（ソフトバンクグループ（9984）の株価：2018年1月～2019年12月）

　株価は短期的な材料に反応して動きますが、往々にして「過剰反応」します。好材料が出ると「上げ過ぎ」、悪材料が出ると「下げ過ぎ」ます。

　これに対し、移動平均線はゆるやかに動きます。急上昇、急降下する株価よりも、変動が小さくなります。

ゆるやかな下落

以下の株を3ヵ月前に950円で100株買いました。株価は890円まで下がったところです。

ここは、売り、買い増し、様子見、どうする?

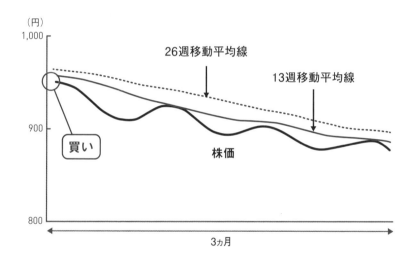

(円)

1,000

26週移動平均線

13週移動平均線

買い

900

株価

800

3ヵ月

🔑 ポイント **移動平均線は企業価値の変化**

左ページのソフトバンクグループのチャートを見ながら、移動平均線の意味をもう一度、考えてみましょう。

移動平均線はゆるやかに動きます。13週移動平均線は約3ヵ月の、26週移動平均線は約6ヵ月の企業価値の変化を反映して動いています。株価ほど乱高下せず、企業価値の変化により近い動きと考えられます。

■ トレンドには逆らわない

　13週・26週移動平均線ともに、ゆるやかな下降が継続。トレンドに逆らうべきではありません。そのまま保有を継続していると、含み損が増えていく可能性があります。損切りか益出しかにかかわらず、下げトレンドが続く株は売り、株価上昇が期待できる他の銘柄に乗り換えるべきです。

　先ほど説明した通り、13週・26週移動平均線は、長期的な企業価値の変化を反映してゆるやかに変動します。ともに、ゆるやかな下降が続いていることから、この銘柄の業況は少しずつ悪化していると考えられます。

　株価は、今のところ過剰反応していません。移動平均線とほぼ同じペースで下げています。ほんの少しだけ下げが速いですが、移動平均線との開きが大きくなると、すぐ小反発して13週移動平均線まで戻っています。

　ただし、このようなじり安（株価が徐々に下がること）が3ヵ月も続くことにいら立ちを募らせる投資家がいることも考えられます。そろそろ処分のための投げ売りが出てくるかもしれません。そうなると、下げが加速します。

　決して強い売りシグナルが出ているわけではありませんが、保有を続けたくないチャートです。

好材料と悪材料

　財務良好のK社は、過去10年連続で最高益を更新してきたITサービスの成長企業。国内で利益を稼いできましたが、米国事業は赤字です。今期、赤字の米国事業から撤退するために特別損失を計上。最終損益が上場来初の赤字に転落すると発表したところ、株価が急落しました。

　一方L社は、東証マザーズ上場のバイオ企業です。遺伝子治療の開発を始めると発表したところ、株価が急騰しています。

K社とL社、買うならどっち？

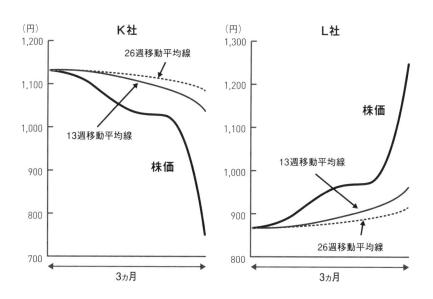

■ 13週移動平均線からのかい離率を見る

　K社の移動平均線を見てください。3ヵ月前は横ばいだったのに、少しずつ下向きになっています。トレンドに逆らわないという意味では、こういう株は原則「売り」で、買うべきでありません。

　ただし、例外もあります。株価が悪材料に過剰反応して急落、移動平均線からの下方かい離率が大きくなり過ぎた時です。下げ過ぎの反動で「リバウンド」が期待できます。K社は、株価が13週移動平均線から25％も下に離れています。

　私はここで少し買ってみて良いと思います。短期的なリバウンド狙いもありますが、長期投資でも少し買ってみたいところです。今期赤字の米国事業から撤退するので、来期以降、利益が拡大する期待があるからです。

　L社は夢はあるものの、将来遺伝子治療の開発に成功して収益が得られるようになるかわかりません。開発に成功するとしても、実際に利益が出るのは何年も先です。遠い将来の夢の実現を期待して、株価は短期的に急騰、既に13週移動平均線からの上方かい離率が25％まで拡大しています。L社の株は加熱しているので、売って良いと思います。

　K社は、日本のIT成長企業によくある事例です。国内で高収益を稼いで成長しているのに、海外では赤字続きというパターンです。国内で強くても海外では通用しないのが、残念です。

どちらも、13週移動平均線が、26週移動平均線の下から上へ抜けていく「ゴールデンクロス」が出つつあるところです。

M社とN社、買うならどっち?

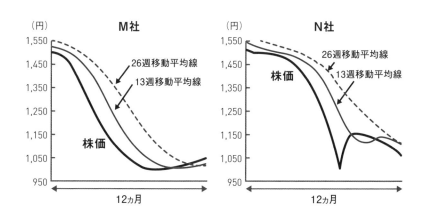

🔑 ポイント ゴールデンクロスとは?

短期の移動平均線が、長期の移動平均線を下から上へ抜けていくところを、ゴールデンクロスと言います。株価が徐々に上昇基調を強めるところで出ることが多いので、「買いシグナル」となることもあります。ただし、ゴールデンクロスには「だまし」も多く、私はそれだけでは信頼しません。

5日移動平均線と25日移動平均線で作るゴールデンクロスは短期シグナルで、短期トレンドが変わるたびによく出ます。13週移動平均線と26週移動平均線で作るクロスは中長期シグナルで、中長期トレンドが変わる時に出ることがあります。

■ 移動平均線が「上向き」か「下向き」か？

　M社もN社も、13週移動平均線が26週移動平均線の下から上へ抜けるゴールデンクロスが出つつあります。ただ、両社にははっきり違いがあります。

　M社は13週移動平均線・26週移動平均線とも上向きに転じつつある「完全なゴールデンクロス」です。一方、N社は、13週移動平均線も26週移動平均線も下向きの「不完全なゴールデンクロス」です。

　M社は、株価が下げ止まってから底値固めに時間をかけ、それから徐々に上昇トレンドに転換しつつあります。下落時の悪材料は「済んだ話」となり、新しい好材料が出つつあるように見えます。

　N社は、安値からいったん反発したものの、まだ底値固めに十分な時間をかけていません。そのため、26週移動平均線が下向きです。下落トレンドが続いている可能性があります。

■ 無数にあるゴールデンクロス

「ゴールデンクロスが出たら買い」はわかりやすいシグナルです。でも、私はゴールデンクロスだけでトレードすることはあまりありません。どの移動平均線を見て、ゴールデンクロスを判断して良いかがわからないからです。

　次のチャートは、下落トレンドが終わって株価が底打ち、上昇に転じていくチャートです。移動平均線がたくさん引かれています。5日・10日・15日・20日・25日・30日の6本の移動平均線です。

　ここには、ゴールデンクロスがたくさん出ています。5日線が10日線を下から上へ抜けたゴールデンクロスが最初に出ます。最後に、25日線と30日線のゴールデンクロスが出ます。

　一番早いものと遅いもので20日の差があります。

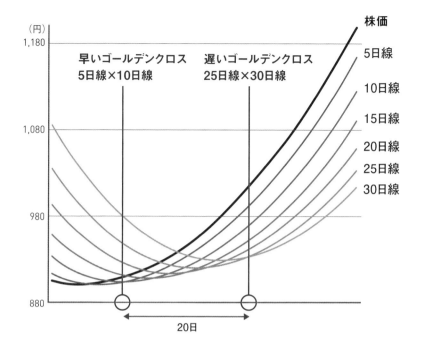

（円）
1,180

早いゴールデンクロス
5日線×10日線

遅いゴールデンクロス
25日線×30日線

株価

5日線

10日線

15日線

20日線

25日線

30日線

1,080

980

880

20日

■ 移動平均線は、期間が短すぎるのも長すぎるのもダメ

このように「ゆるやかな上昇から始まり徐々に加速していく」素直な
チャートでは、どのゴールデンクロスで買ってもきちんと上昇してくれ
ます。こういうチャートなら、期間の短い移動平均線で出る早いシグナ
ルのほうが、期間の長い移動平均線で出る遅いシグナルより勝っていま
す。

ただ、現実には、こんな風にきれいに上昇が加速していくチャートは
めったにありません。上がると見せかけて、途中で息切れして下げに転
じる銘柄もよくあります。早いシグナルで買うと、そういう「だまし」
に遭いやすくなります。

上昇ピッチが加速し、売りが引っ込み、買いがどんどん増えてくる時
に買ったほうが「だまし」に遭いにくくなります。そのためには、期間
の長い移動平均線によって遅く出るゴールデンクロスを見たほうが良い
と言えます。

でも、長い移動平均線ばかりを見ていると、シグナルが出るのが遅す

ぎて、株価の上昇は終わった後かもしれません。早すぎても遅すぎて
も、具合が悪いわけです。

■ 銘柄ごとに固有のクセがある

　激しく乱高下する銘柄には、短期の移動平均線で出るシグナルが合い
ます。株価がいつもゆるやかに動く銘柄は、長期の移動平均線のシグナ
ルが合います。銘柄固有のクセがあり、銘柄によってどの移動平均線を
見たら良いかが異なります。

　そのクセを体で覚えるために、デイ・トレーダーのなかには毎日同じ
銘柄でトレードを繰り返す投資家もいます。ソフトバンクグループや任
天堂はトレーダーが好んで売買する銘柄です。

Q 15 急上昇後に少し下落

　どちらも1年前に1,000円で100株買ったら株価が急騰して一時1,500円をつけて喜んでいました。ところが最近、株価は少し下がっています。

　どちらも、13週移動平均線が、26週移動平均線の上から下へ抜けていく「デッドクロス」が出つつあるところです。

O社とP社、売るのはどっち？

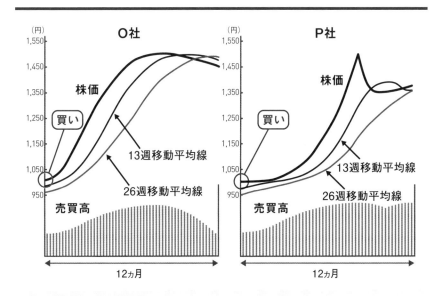

ポイント　デッドクロスとは？

　短期の移動平均線が、長期の移動平均線を上から下へ抜けていくところを、デッドクロスと言います。株価が徐々に下落基調を強めるところで出ることが多いので、「売りシグナル」となることもあります。ただし、デッドクロスだけでは「だまし」もあり、私はそれだけでは信頼しません。

■ 移動平均線が「下向き」に転じ、売買高も減少

　O社は、13週移動平均線・26週移動平均線とも下向きに転じつつあ
ります。売買高もかなり減ってしまいました。売買高は人気のバロメー
ターなので、人気が離散していることがわかります。ここから下げが加
速する可能性もあるので、売っておいたほうが良いと思います。

■ P社を売ってはいけない

　O社とP社を両方とも売ってしまいたいと思いませんでしたか。含み
益が「絵に描いた餅」になってしまわないうちに、株価が上がったらさ
っさと利益確定させたいと思う人がけっこう多いようです。

　P社は、26週移動平均線が上向きです。売買高は高水準を維持して
おり、上昇トレンドは崩れていません。こういう株を売らずに長く持ち
続けることが、大きく稼ぐのに必要です。株価が2倍になるかもしれな
い銘柄を20％か30％値上がりしただけで売ってしまうようでは大きく
稼げません。

　「値上がりするとすぐ売る、値下りするといつまでも持ち続ける」「利
確は早く、損切りは遅い」のが個人投資家、初心者の悪いクセです。
「利確は遅く、損切りは早い」投資家になるように心がけましょう。

上場したばかりの株

Q社もR社も革新的ITサービスを手掛ける高成長企業。6ヵ月前に東証マザーズに上場した際、投資家の高い期待を反映して、初値は公募価格を5割上回る高値をつけました。しかし、初値が高過ぎたため、初値をつけた後、株価は大きく下落。ただ、売上・利益は期待通り伸びています。

Q社もR社とも、株価が落ち着いたら投資しようと考えています。そこで、チャートを見ると次のようになっています。

Q社とR社、買うのはどっち？

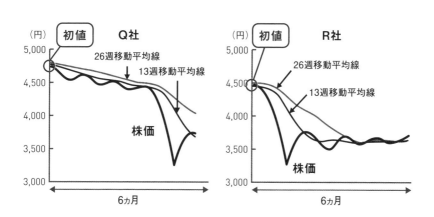

🔑 ポイント　IPO（新規公開株）の初値買いは割に合わない

IPOの初値買いは高値づかみになる確率が高く、要注意です。成長期待が高いほど、初値は異常な高値になりがちです。私はファンドマネジャー時代、成長期待が高いIPOは上場してから半年〜1年経過し、株価が初値から大きく下がったところで買うようにしていました。

■ 移動平均線が下向きのQ社を買うのは時期尚早

　Q社とR社、どちらも初値をつけた後、株価が下がっているのは一緒ですが、よく見ると下げ方が異なります。

　Q社は初値をつけた後だらだら下げが続き、2ヵ月くらい前に急落して大底をつけました。反発を始めてから1ヵ月くらいしか経っていないため、13週・26週移動平均線とも、まだ下向きです。さらに下落が続く可能性もあります。

■ 移動平均線が上向きに変わりつつあるR社は「買い」

　R社は初値をつけてすぐ急落して大底をつけました。反発を始めてもう5ヵ月くらい経過しています。安値圏でたっぷり時間をかけて値固めしました。その間、下向きだった移動平均線は横ばいとなり、さらに上向きに変わりつつあります。ここから上昇が加速していく可能性もあるので「買い」。

■ 「日柄整理」ができてから買い

　急落後、日数が浅い状態を「日柄整理ができていない」と言います。Q社がそうです。高値で買い付けた投資家から処分売り（購入時より価格が下落した株を売ること）が出やすく、上値が抑えられます。

　R社は急落からかなり時間が経っていて「日柄整理ができている」状態です。戻り売り（値下がりした株価が上昇に転じて、値を戻したところで売ること）圧力は小さいと考えられます。

17 評論家の意見

　成長株として期待されていた銘柄を4,300円で100株買いました。その後、株価が一時5,250円まで上昇して喜んでいたら、突然、悪材料が出て急落しました。あれよあれよという間に株価は下がって、3,600円となってしまいました。

　どうしようかと悩んでいる時、ある著名な株式評論家が、この株を「悪材料は一時的。絶好の買い場」と言っているのを聞きました。

ここから、売り、買い増し、様子見、どうする？

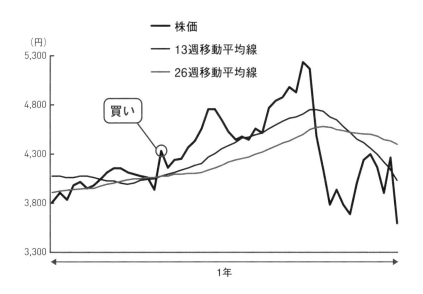

　これは実在の会社です。売るべき理由がチャートにたくさん出ています。以後、株価は次のように推移しました。評論家の意見はあてになりません。

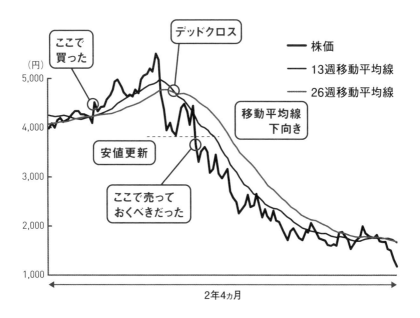

ここで買った

デッドクロス

株価

13週移動平均線

26週移動平均線

移動平均線下向き

安値更新

ここで売っておくべきだった

2年4ヵ月

　個人投資家・初心者が最初に考えを改めなければならないことが2つあります。
（1）値上がった銘柄をすぐに売ってはいけない（儲けそこなう）
（2）値下がり銘柄を持ち続けてはいけない（損が拡大する）

「損切りは早く、益出しは遅く」を肝に銘じてください。同じことを何度も繰り返し述べているのは、上級者になるためにとても大切なことだからです。

損切り後に急反発

次のチャート銘柄を1年前に200株保有していました。じりじり下がり続ける株価を見て430円で100株損切りしました。その後、株価は一時335円まで下がってしまいました。しかし、そこから株価は急反発、現在500円まで上昇しています。

さて、売り、買い増し、様子見、どうする？

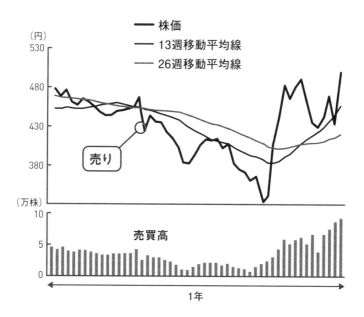

「430円で売った株を今さら500円で買い戻せない」と思う人が多いでしょう。しかし、買い増しすべき理由がチャートにたくさん出ています。

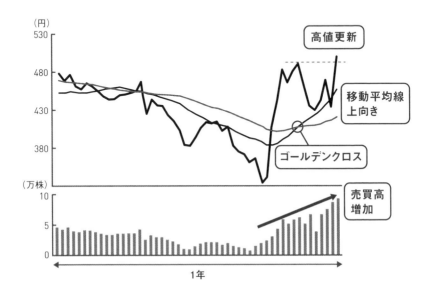

　このチャートは、Q17のチャート上下を逆さまにして作ったものです。上下を逆にすると、投資判断も逆になります。

「売り」は最悪の投資判断です。株価が大きく下がった時に、含み損を抱えて嫌な思いをしていたので、株価が急反発した時に「売っておサラバしたい」気分になる人も多いようですが、ここで売ってはもったいないのです。

　100株持っているので「様子見」も悪くはありませんが、好機でしっかり動く積極性がほしいところです。

Q 19　移動平均線と売買高の両方に注目

このチャート、売り、買い、様子見、どうする？

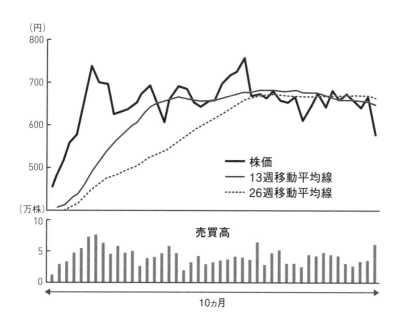

⚠ ヒント　移動平均線と売買高のどこを見る？

　移動平均線と売買高の見方が、だんだんわかってきたと思います。

・移動平均線の傾きはどうなっていますか？

・売買高は増えていますか、減っていますか？

「売買高は人気のバロメーター」「売買増加は人気増加」と言いますが、上のチャートはその解釈で良いのでしょうか？

63

第2章　移動平均線を読む

■ 移動平均線は、株価弱含みを示唆

　10ヵ月前、勢いよく上昇していた移動平均線は、その後、徐々に横ばいとなり、足元は下向きに変わりつつあります。途中で、デッドクロスが出ています。つまり、13週移動平均線が26週移動平均線の上から下へ抜けています。

■ 売買高増加を伴う株価急落は、売り急ぎを示す

　売買高増加が人気上昇を示すのは、株価が急騰している時だけです。急いで買いたいという投資家が多いと、売買高増加を伴って株価が急騰します。

　反対に、売買増加を伴いながら、高値圏から株価が急落する時は、悪材料をつかんだ投資家が大急ぎで売っていることを示します。今後、売りが広がってくる可能性もあるので、こういう時は売ったほうが良いと言えます。

20

長期の下落後、いよいよ上昇開始？

このチャート、売り、買い、様子見、どうする？

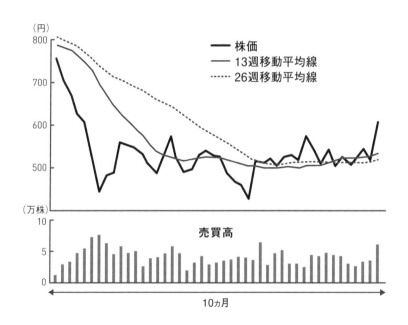

（円）

- 株価
- 13週移動平均線
- 26週移動平均線

（万株）

売買高

10ヵ月

(!) ヒント　株価が少し反発

　これは、実在する銘柄の2016年のチャートです。東証一部に上場しています。長年にわたる下落のあと、ようやく株価が少し反発したところです。

　移動平均線が上向き、売買高増加、株価急反発、戻り高値更新。ここは買っていくべきところです。この後、実際1ヵ月で770円まで上昇しています。

　ところで、Q19のチャートは、このチャートの上下を逆さまにして作っていることに気づきましたか？　チャートの上下を逆さにすると、投資判断も反対になります。

■ 先入観から解放されるために「逆さチャート」を見る

　チャートのクイズは解けるが、実際に株を売買するといつも重要なシグナルが目に入らなくなる人がいます。主な理由は「先入観」です。

　先入観に支配されずに、チャートを純粋に見る必要があります。それには、時々チャートを上下にひっくり返してみることをお勧めします。逆さにすると、買いシグナルは売りに、売りシグナルは買いに変わります。

　万年強気の人には、どんなチャートを見ても買いに見える「強気バイアス」があります。それならば、買いシグナルが出ていると思うチャートを上下にひっくり返してください。それで、売りシグナルが出ているように見えれば、先入観なくチャート見ていたことになります。ひっくり返しても「売り」に見えないなら、先入観に支配されていたことになります。

　本書で繰り返し逆さチャートの問題を出しているのは、それを見ることによって、売りシグナル、買いシグナルの本質を理解できるようになるからです。

いいタイミングで株を売るには

■ ファンドマネジャー時代の取引ルール

　私がファンドマネジャー時代にやってきた売りの判断方法で、とても
上手くいった方法を紹介します。それは、私が運用を担当していた公的
年金ファンドで実際にやっていたルールです。まず、そのファンドが、
どこで日本株を売り、どこで日本株を買ったか、見てください。

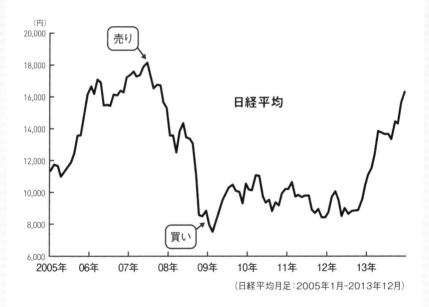

（日経平均月足：2005年1月-2013年12月）

　このチャートの「売り」の矢印をつけたところで、日本株を売って国
債を買いました。当時私は「日経平均はまだまだ上がりそうなのに、ル
ールだから仕方ない」と渋々、日本株を売ったのを覚えています。「買
い」の矢印をつけたところでは、複数回にわたり国債を売却して日本株
を買いました。この時、私は「日本株は下がり過ぎ」と考えていたの
で、株を買うのに違和感はありませんでした。

　ファンドに定められていたルールを説明します。ファンドの基準とし

て決められていた資産配分比率は「国内株式40%・国内債券60%」でした。「時価ベースで株の組入比率が45%以上になったら基準比率へ戻す。35%以下になった時も基準比率へ戻す」というルールが定められていました。

　2007年4月、株の値上がりで株の組入比率が45%を超えたところで株を売って国債を買いました。2008年に株が暴落して組入比率が35%以下になった時は、国債を売って株を買いました。

■ 個人投資家でも実践できる

　このやり方は個人投資家でも真似できます。たとえば、日経平均インデックスファンドを100万円分買ったとします。「値上がりして120万円になったら20万円分売る」「値下がりして80万円になったら20万円分買う」を繰り返すだけで、私が運用していた公的年金と似たタイミングで株の売買ができるようになります。

　ただし、これは言うのは簡単でもやるのは難しいことです。ルールに従うと、世の中みな楽観を言っている時に株を売り、みな悲観的になっている時に株を買わなければならないからです。

　ところで、私はその難しいことを普通にやっている人を知っています。私と同じように日経平均の高値で株を売り、リーマン・ショック後の大底では日本株を1兆円も買い越ししています。その人は「個人投資家」です。個人投資家ひとりひとりは、さまざまな判断基準によってさまざまな売買をしますが、全部を合算して1つの投資主体として統計を見ると、「個人投資家」は高値で株を売り、安値で株を買う傾向が明確です。

　あるラジオ番組で、私はそのことを話したことがあります。「リーマン・ショック後の安値で私は運用ルールに従って日本株を買ったけれど、個人投資家はそんなルールがなくても株が下がった時に買っているんですね」と話すと、番組の司会者が「個人投資家は何を基準に買い増しを判断しているのでしょうか」と聞いてきました。私は、返事に一瞬つまりましたが、以下のように答えました。「野性の勘でしょうか」。

　スタジオは笑いに包まれました。

ローソク足
を読む

■ ローソク足とは?

　第3章ではローソク足について学びます。ローソク足は江戸時代の相場師・本間宗久が考案したチャートで、相場の強弱を見るのにとても便利です。1日の動きを示す日足、1週間の動きを示す週足などがあります。

日足の仕組み（陽線と陰線）

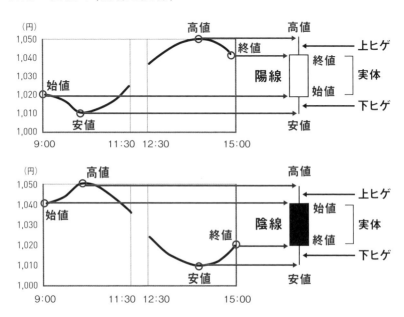

　1日の値動きから、始値・高値・安値・終値の4つを取り出し、まず始値と終値からローソクのろうの部分を書きます。始値→終値が上昇なら白抜きとし「陽線」と呼びます。下落なら黒で塗りつぶし「陰線」と呼びます。それに高値と安値を加えて、線で結べば、ローソク足の完成です。高値までの線を「上ヒゲ」、安値までの線を「下ヒゲ」と呼びます。

Q 21　1日の値動き

　1～5のローソク足（日足）は、それぞれA～Eの値動きのどれを表しているでしょうか？　どれも前日終値は1,000円で、1日のうちに株価が5％以上変動する波乱のチャートです。

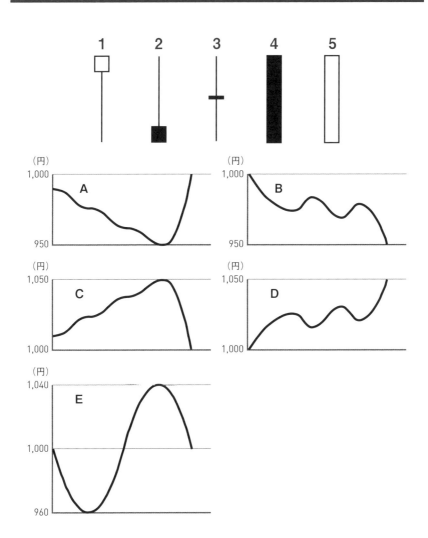

　5種類のローソク足から読み取れる1日の値動きを知っておきましょう。

■ 1「長い下ヒゲ」：相場の強さを表す（チャートA）

　朝方から売りが続き、前日比5％の安値まで売り込んだところ、大引け（1日の取引時間の終了時）間際の買いで一気に前日終値を回復。この水準で買いたいと狙っている資金が多いと思わせる動き。

■ 2「長い上ヒゲ」：相場の弱さを表す（チャートC）

　朝方から買いが続き、前日比5％の高値まで買い上げたところ、大引け間際の売りで一気に前日終値まで急落。この水準で売りたいと待っている資金が多いと思わせる動き。

■ 3「十字足」：気迷いを表す（チャートE）

　下値トライも上値トライも失敗し、始値に戻された。これだけ上下とも長い十字だと、先行き波乱を思わせる。

■ 4「大陰線」：相場の弱さを表す（チャートB）

　寄付（始値）が高値、終値が安値。1日で大きく下落し、安値引け。売りの勢いが強いことを思わせる。

■ 5「大陽線」：相場の強さを表す（チャートD）

　寄付（始値）が安値、終値が高値。1日で大きく上昇し、高値引け。買いの勢いが強いことを思わせる。

22

３日間の値動き

F社・G社・H社の３日間のローソク足（日足）を見てください。

買うなら、どれ？
売るなら、どれ？

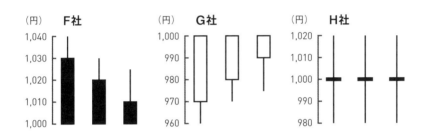

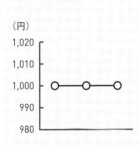

🔑 **ポイント** **ローソク足から読み取れること**

３社とも、終値で見ると３日間1,000円で変わりません。ラインチャートで書くと、どれも同じ。まったく動きのない、面白みのないチャートにしか見えません。１日の値動きの中にあるドラマや貴重な情報がラインチャートではまったくわかりません。

一方、ローソク足には、ただのラインチャートではわからない強弱についての情報がたっぷり詰まっています。パッと見ただけで相場の強弱を感じられるように作られている「すぐれもの」です。

■ G社には大口買い手の影

　G社に何が起こっているか、考えてみましょう。朝方、大きく下げて始まりますが、下がったところでは買いが入り、少しずつ値戻しし、終値ではきっちり 1,000 円まで株価が戻っています。そんなことが、もう 3 日も続いています。

　G社は、不特定多数の小口投資家が売っているところで、大口の機関投資家がこつこつと買い集めているように見えます。機関投資家は 3 日続けて「1,000 円以下の計らい」で大口買い注文を出していると思います。計らい注文とは、機関投資家がよく使う注文の出し方です。証券会社のセールストレーダーの裁量で、事前に取り決めた株価の範囲内で一定株数を買ってもらう（または売ってもらう）注文方法です。

　機関投資家が、特定の小型株を大量に買い集めたい時、その意図を市場に悟られることなく少しずつ買おうとします（私がファンドマネジャーの時、そうしていました）。それを計らい注文で証券会社に委託するわけです。3 日ともきっちり 1,000 円の高値引けとなっているのは、そういう大口投資家の気配を感じます。ただ、3 日間も同じような注文を出したため、ローソク足に不審な形跡が残っています。そろそろ不特定多数の投資家が、買い手の存在に気づく頃です。

■ F社には大口売り手の影

　F社はその逆です。不特定多数の小口投資家が買っている中、大口の機関投資家が少しずつ売っている感じがします。売りたい株がまだかなり残っているのを悟られないように、「1,000 円以上の計らい」で売っている感じです。

　ローソク足には、注意点があります。ローソク足のシグナルは、これだけで 70％以上当たる強いシグナルとは言えません。「需給的に強そうか弱そうか」を知るには役立つので、ローソク足のシグナルと他のシグナルを合わせて見ると、投資判断の精度が高まります。

I社とJ社、売るならどっち？

　18営業日のローソク足（日足）を見て、判断してください。どちら
も50円の範囲内で「行ったり来たり」です。

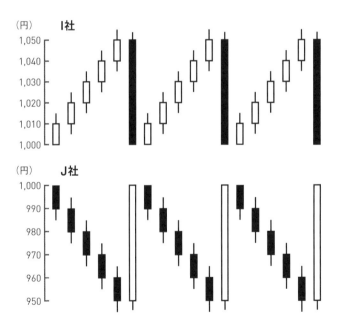

🔑 ポイント　相場の強弱を感じ取れ!

　パッと見ただけで、相場の強弱を感じることができるのがローソク足。
陰線が多いと「弱そう」、陽線が多いと「強そう」と感じとれます。そ
の見方で間違っていません。I社を見ると、陽線のほうが多いですが、
陰線のほうが長い。J社はその逆。さて、どう判断すべきでしょう?

■ ろうそくは、本数よりも長さに注目

　陽線や陰線は、「本数より長さのほうが重要」です。I 社では、短い陽線 5 本の上げを、大陰線 1 本で帳消しにしています。この価格帯では、買いより売りのほうが強いと感じさせます。それを 3 回も繰り返しているので、買い手は「この価格帯では怖くて買えない」と気づきます。買いが引っ込んだところで、売り手がさらに売ってくると株価の下げが加速しそうです。

　これをボクシングの試合にたとえます。買い手は小さなパンチを 5 本もヒットさせて少しずつ売り手を追い詰めていましたが、突然、1 発の強烈なアッパーを浴びてダウン。なんとか立ち上がって、再び小さなパンチを 5 本当てたが、またアッパーをくらってダウン。そんな展開が続いたら、どちらが勝ちそうだと思いますか。I 社のローソク足には、そんなボクシングの展開を思わせる動きが表れています。

　J 社はその逆です。陰線 5 本の下げを、1 本の大陽線で帳消しにしています。こうなると売り手は売りを控えるようになるので、ここは買ってみて面白いところです。

　50 円の値幅で「行ったり来たり」しているだけの I 社と J 社ですが、ローソク足を見ると、ここで展開されている投資家の熱い闘いがありありと見えてきます。

日足と週足の関係

K社とL社のローソク足（週足）チャートです。3週前、両社の株価が1,000円の時に100株ずつ買いましたが、急きょ資金が必要になってどちらか1つを売らなければならなくなりました。

K社とL社、売るならどっち？

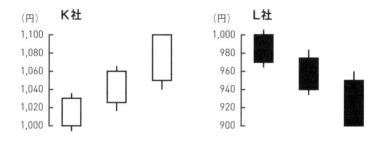

週足の見方

週足は月～金曜日の日足の合成です。

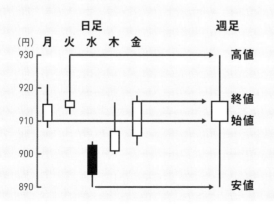

■ 買った時の値段にこだわらない

　個人投資家・初心者が株式投資で勝つために、最初に学ばなければならないことは、「買い値にこだわらない」ことです。益出しか損切りかに関係なく、売るべきものを売り、買うべきものを買わないと良い投資ができません。

　L社は買ってから100円も値下がりしているので、売れば損切りです。ただし、陰線が3週連続で並ぶ「黒三兵」と言われる弱いチャートとなっており、ここから売りが増えてさらに下がる可能性もあります。こういう銘柄は売るべきです。

　一方、K社は、陽線が3週連続で並ぶ「赤三兵」と言われる強いチャートとなっています。ここから買いが増えてさらに上昇する期待があります。ここで売ってしまってはもったいないと思います。

　多くの個人投資家が犯しやすい過ちは、上昇した銘柄を売り、下落した銘柄を持ち続けることです。上昇した銘柄を売るのは気持ちが良く、下落した銘柄を売るのは辛いので、ついついそういう選択となります。ただ、そうすると、結果的に良い銘柄を売り、悪い銘柄を残すことになります。保有を続ける銘柄から、どんどん良い銘柄が消え、悪い銘柄がたまっていくことになります。

　「損切りは早く、益出しは遅く」。何度も繰り返します。きっちり、心に銘じてください。

売買高が急増!

M社とN社の週足チャートです。5週前、両社とも株価が1,000円の時に100株ずつ買いましたが、急きょ資金が必要になってどちらか1つを売らなければならなくなりました。

M社とN社、売るならどっち？

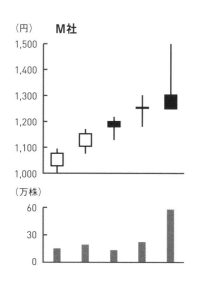

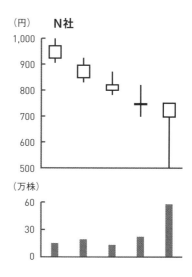

(!) ヒント　売買高の急増はなぜ?

どちらも、最後に売買高が急増しています。売買高が急に増えるということは、誰かが急いで売買したということです。M社とN社でそれぞれ、急いで取引したのは、売り手か買い手かを考えてみてください。売買高が増えた時、売り手と買い手の間でどのような戦いが行われたか考えれば、答えは自ずと明らかになると思います。

■ 長い上ヒゲをつけた陰線

　M社の直近の週足は、「長い上ヒゲをつけた陰線」です。上昇してき
た株価が、下げに転換する可能性を示唆する形です。

　ここで、売り手と買い手の間でどのような戦いがあったのか、振り返
りましょう。先に動いたのは買い手でした。買い手は、4週続けて上が
ってきた株価を見て、「ここから、さらに大きく上がりそう」「今のうち
に、たくさん仕込んでおこう」と考えて買いを大幅に増やしました。株
価は強引な買いで一時1,500円まで急騰しました。

　ところが、そこで買い方はおおかた予定の株数を買ってしまったと考
えられます。あるいは、何らかの悪材料が出たのかもしれません。上昇
した株価を見て売り手が売りを増やすと、なんの抵抗もなく株価はあれ
よあれよという間に下がってしまいました。高値で大量に買い付けた買
い手は、たちまち含み損を抱え、買いが失敗であったことに気づきま
す。今後、損切りの売りを出す可能性があります。

■ 長い下ヒゲをつけた陽線

　N社はその逆です。じりじりと下がり続ける株価を見て、N社株をた
くさん保有する投資家があせって大量に売ってきたと思われます。一時
500円まで急落しました。ところが、それで売りはほぼ終わったと考え
られます。底値買いを狙う買いが増えると、株価はあれよあれよという
間に急反発しました。その結果、「長い下ヒゲをつけた陽線」が出まし
た。

26 包み足の週足チャート

O社とP社、買うならどっち？

以下、6週間の週足チャートを見て、判断してください。

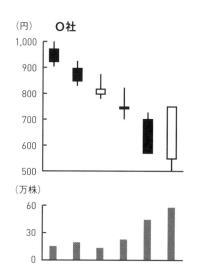

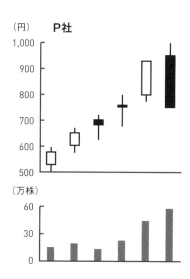

🔑 ポイント 「包み足」とは？

　O社とP社の最後の2週間の週足の形を見てください。前週の高値と安値が、次の週のローソク実体（始値と終値）の範囲に収まっているのを、「包み足」と言います。包み足だけでは、70%当たるシグナルとは言えません。ローソク足の解説書に、買いシグナルや売りシグナルとなるいろいろな型と、名前を覚えさせるものがありますが、私はそのように暗記するのをお勧めしません。売り、または買いの勢いを表していることに違いはありませんが、あくまでも参考に見る程度としましょう。

■ 「陽線包み足」と「陰線包み足」

O社は、陽線が前週の陰線を包む「陽線包み足」となっています。下げトレンドが続いた後、これが出ると相場の転換点となる、つまり上昇に転じることもあります。

P社はその逆です。上げトレンドが続いた後、陰線が陽線を包む「陰線包み足」が出ています。ここから、下げに転じる可能性もあるので、注意すべきところです。

O社とP社の2週間の週足を1つのローソク足に書き直すと、何が起こっているかよくわかります。

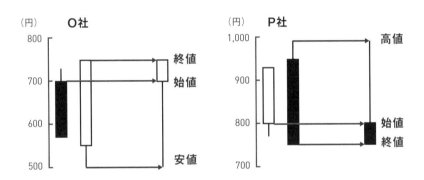

O社の「陽線包み足」は、1つのローソク足に書き直すと「長い下ヒゲ」を出した陽線であることがわかります。かさにかかって売り込んできた売り手が、買い方の大反撃にあって撃退された形です。

P社は、「長い上ヒゲ」を出した陰線です。勢いに乗って攻め込んだ買い手が、売り方の大反撃にあって壊滅的打撃を受けた形です。

27　移動平均線と週足チャート

　東証一部上場Q社の9ヵ月週足チャートです。売買高と、13週・26週移動平均線が書き込んであります。

売り、買い、様子見、どうする？

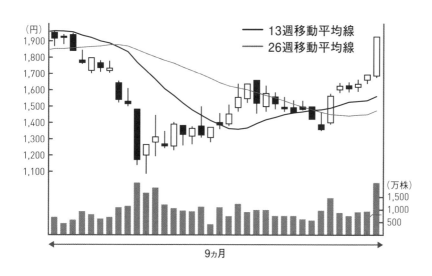

（円）

1,900
1,800
1,700
1,600
1,500
1,400
1,300
1,200
1,100

―― 13週移動平均線
―― 26週移動平均線

（万株）
1,500
1,000
500

9ヵ月

（！）ヒント　ローソク足だけでなく、売買高にも注目

　売買高の変化に、有用な情報がたっぷり詰まっています。まず、9ヵ月前に暴落を始めた時の売買高の変化を見てください。暴落の最終局面で、売買高が急増しているのがわかります。下げ続ける株価に耐えられなくなって、投げ売りしてきた投資家がたくさんいたのでしょう。

　その後、株価が底打ちを始めてから、売買高が減りましたが、足元の株価が急騰するところでは、再び売買高が急増しています。

　Q社を買いと判断する理由は、３つあります。

（1）大陽線（長い陽線）をたてた
（2）売買高が急増
（3）13週・26週移動平均線の傾きが上向きに変わった

　特に重要なのは（1）と（2）です。何らかの好材料が出て、買い手が大急ぎで買い始めたことがわかります。売買高を伴って急騰し始めてからまだ１週間しか経っていないので、まだ「相場が新しい」。ここで買えば、始まったばかりの上昇相場にうまく乗っていけると期待されます。

「様子見」と判断した方、どうしてそう考えたでしょうか？　暴落前の高値（1,950円）に近づいたので、戻り売りが出やすい、暴落前の高値を抜けてから買ったほうが良いと判断したならば、それもＯＫです。

　ただ、暴落前の高値をつけたのは９ヵ月も前です。９ヵ月も経つうちに、高値で買った短期筋はもう売り終わっていると考えられます。大底圏で売買高が急増しているので、そこで短期筋の保有株はかなり投げ売りされたと思われます。

　足元の売買高が大きいので、戻り売りをこなして、上がっていけるだろうと、このチャートから読むことができます。

28 順調に上昇しているところで大陰線

Q27 のQ社のその後のチャートを見てみましょう。

「ここで買った」と書いてあるポイントでQ社を 100 株買いました。

買ってから8週間（週足8本）、株価は買い値近辺で推移しています。ただ 1,900 円台の値固めが済むと、Q社株は上昇トレンドに入り、順調に上値を取り続けました。

ところが、足元の株価は急落しました。長い陰線が出ています。ここから、どうしたら良いでしょう。

売り、買い、様子見、どうする？

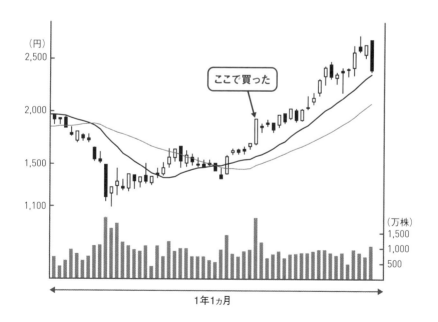

Q 社のその後の株価推移です。

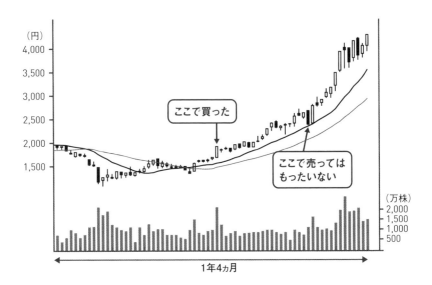

　13 週移動平均線も 26 週移動平均線も上向きのまま、上昇トレンドが
続いている時に売ってしまってはダメです。
　古代中国の軍略に長けた名将・韓信の伝記『史記・淮陰侯列伝』に、
「天の与うるを取らざればかえってその咎めを受く」という言葉があり
ます。好機を逃すと、かえって災いを招くという教えです。
　株価が 2 〜 3 倍になる銘柄に投資する「天与の好機」を生かさず、10
〜 20%上昇してすぐ売ってしまうようでは、相場の神様に見放されま
す。上昇気流をつかんだら、止まるまで放さないようにしましょう。こ
の銘柄は、この 2 ヵ月後に 5,800 円まで上昇しました。

ものすごい不運

R社の週足です。19,500円で100株買った途端、急落！

ここは、売り、買い、様子見、どうする？

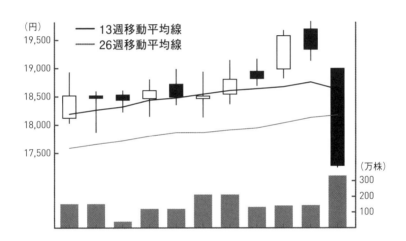

ポイント **暴落の時こそ冷静に**

　私は25年間、日本株のファンドマネジャーをやってきました。長い年月売買していると、ものすごいラッキーなことも、ものすごい不運なことも、当然起こります。

　上記は、ものすごい不運なケースです。買った途端に暴落するわけですから。こういう時に、感情的になるとロクなことがありません。淡々と落ち着いて売買することが必要です。

■ 上級者ほど損切りをためらわない

　買ったばかりの株が暴落した時は、迷わずすぐ売るべきです。買った翌日に、ストップ安（大幅な値下げで証券取引所が取引を停止している状態）になる直前、スレスレで売ることができれば、上級者です。不運をひきずらずに済めば、いつか買ったばかりの銘柄がストップ高する幸運も巡ってくるでしょう。

　株価が急落している間、1週間も放置しておくべきではありませんでした。13週移動平均線を下に抜ける辺りで売るべきでした。1週間持ち続けてしまった今からでも売るべきです。

■ 売りシグナル──大陰線、売買高増加、移動平均線

　売るべき理由が、たくさんあります。とても長い大陰線を出してしまったのが、致命的です。売買高が大きく増加しています。何らかの悪材料が出て、これまでR社を買ってきた投資家が、必死に売ってきていると考えられます。株価は13週・26週移動平均線ともあっさり下抜けてしまいました。かなりひどい悪材料が出た可能性があります。急落を始めてまだ1週間しか経っていないので、悪材料はまだ新しく、さらに売ってくる投資家がいそうです。R社は、この6ヵ月後には14,000円まで下がります。

　たくさん売買していれば、こういう不運があって当然と割り切って、黙って損切りすべきです。

　最悪の投資判断は、R社を「ナンピン買い」（下がっているところでの買い増し）することです。傷をどんどん深めることになります。

空売りに挑戦

S社、T社の6ヵ月の週足チャートです。

S社とT社、空売りするならどっち？

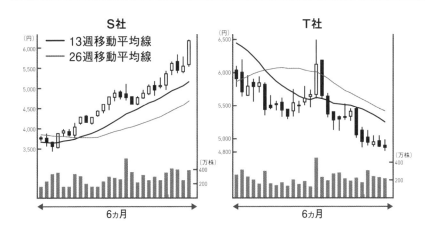

ポイント　空売りとは？

　信用取引の一種で、保有しない株を売ることを「空売り」と言います。空売りした後、株価が下がったところで、買い戻すと利益が出ます。

　たとえば、1,000円で空売りした株を、800円まで値下がりしたところで買い戻すと、200円の利益が出ます。ただし、空売りした後、株が値上がりしてから買い戻すと、損失が発生します。たとえば、1,000円で空売りした株が1,200円まで値上がりしたところで買い戻すと、200円の損失が出ます。

　空売りに使う株は、証券会社などから借ります。借りてきた株を売っているわけですから、必ずどこかで買い戻す必要があります。買い戻したら、貸してくれた証券会社などに株を返済します。

　実は、S社とT社は、同じ会社の異なる期間です。以下が実際の週足チャートです。

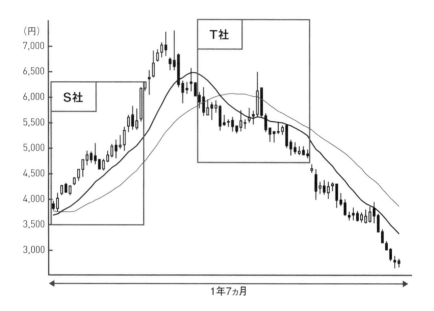

　多くの個人投資家は、逆バリ派。株価が上昇している株を売り、下落している株を買いたがります。証券会社のウェブサイトでは信用残高（信用取引の未決済残高）をチェックすることができます。S社のような株で「空売り残高」が増加し、T社のような株で「信用買い残高」が増加する傾向にあります。信用取引でトレンドに逆らうのは危険です。勢いよく上昇しているS社を空売りするとそのまま上に持っていかれ、上値で損失確定の買い戻しを迫られることが多い。T社のように、下げが加速したところで空売りしたほうが勝ちやすい。

　孫子の兵法に、「味方の兵力が敵の10倍なら包囲し、5倍なら攻撃、2倍なら敵を分断して戦い、互角なら戦うが、少なければ退却し、逃げる」とあります。株のトレーディングの極意につながる言葉です。

つまり、勢いよく立ち向かってくる（上昇してくる）株を空売りするのは禁物、どんどん逃げていく（下がっていく）株に追い打ちをかける（空売りする）のが良策ということです。

 これだけは覚えておこう！

信用倍率が1倍を切っている銘柄（空売りが多い）
→株価上昇が継続
→空売りしている投機筋が耐えられなくて買い戻しする可能性
→「踏み上げ」をねらって「買い」を入れるのが有効なことも

初心者の方にもわかるように、順を追って説明します。

■ （1）信用取引残高とは？

信用取引で行われた「信用買い残高」と「信用売り残高」があります。たとえば、2021年9月24日時点のソフトバンクグループの信用残は以下の通りです。

	信用買い残高	信用売り残高	信用倍率
ソフトバンクG	20,403,400株	1,844,900株	11.1倍

（出典：東京証券取引所）

■ （2）信用買い残高

短期的な値上がりで儲けようとしているポジションです。

信用買いをしている投資家は、短期的に株価が上昇した時に売って決済することを狙っています。制度信用では最長でも6ヶ月以内に決済しなければならないという期限があります。

つまり、信用買い残高＝将来の「売り」需要

■（3）信用売り残高

　短期的な値下がりで儲けようとしているポジションです。

　信用売りしている投資家は、短期的に株価が下落した時に買い戻して利益を得ることを狙っています。

　つまり、信用売り残高＝将来の「買い」需要。

■（4）信用倍率から、売り買いのバランスを見る

〈信用倍率〉＝〈信用買い残高〉÷〈信用売り残高〉

　信用倍率は通常3−4倍を中心に推移しています。信用売り残高よりも信用買い残高のほうが3−4倍多いのが普通です。

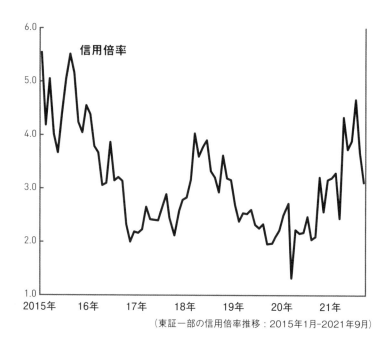

（東証一部の信用倍率推移：2015年1月-2021年9月）

■（5）信用倍率が高すぎる場合　投機筋の買いが積み上がり

　信用倍率10倍以上は、信用買い残高がかなり積み上がった状態です。先のソフトバンクグループの約11倍は、投機的な買いが積み上がり、潜在的な売り需要が大きい状態です。

■（6）信用倍率1倍割れは、取り組み妙味

　信用倍率が1倍を割ると、信用買いよりも信用売りが多い状態です。つまり、投機筋が空売りを積み上げた状態です。その状態で、株価が継続的に上昇している場合は、踏み上げ（空売り買い戻しでさらに株価が上がること）が起こる可能性があることから、取り組み妙味がある（買ってみて面白い）と言われます。

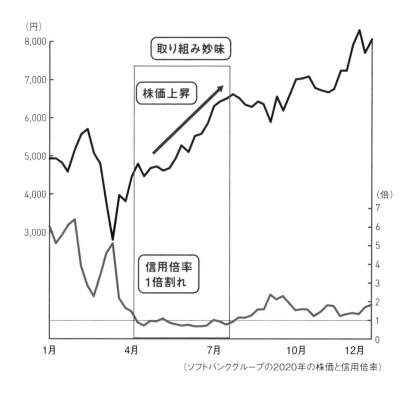

（ソフトバンクグループの2020年の株価と信用倍率）

　上のグラフはソフトバンクグループの2020年の株価と信用倍率の推移です。4月から7月まで、信用倍率が1倍を割っています。信用売り残高が積み上がった状態です。その間、株価が大きく上昇しています。ここで踏み上げが起こっています。

ファンドマネジャー時代の大失敗

■ 小型成長株で大失敗

　よく株で大成功した話をする人がいます。私もいろいろ上手く売買した話をしたくなることがあります。ただ、本当に役立つのは大成功した話より大失敗した話です。大失敗を無くすことが、長期的な資産形成に重要だからです。ここでは私の大失敗の実例をお話しします。

　私はファンドマネジャー時代、保有している小型成長株が急落したら、理由を考える前に問答無用の売りを出していました。理由は後からわかることが多く、わかってから売るのでは遅すぎるからです。すばやく売ることを徹底することが、長期的な好パフォーマンス維持に重要でした。

　ところが、そんな私が小型成長株で大失敗したことがあります。それは2000年に投資した昭文社HD（9475）です。半値以下になるまで保有を続けてしまいました。

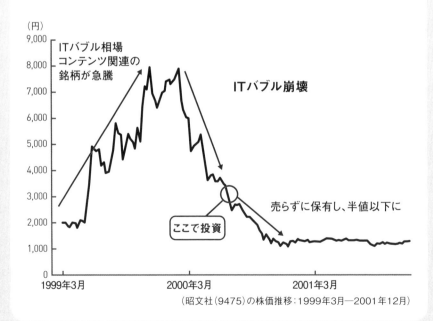

（昭文社（9475）の株価推移：1999年3月—2001年12月）

■ 間違いに気づいた時には手遅れ

　なぜ、私はずるずる値下がりが続く昭文社株をすぐ売らなかったのか。昭文社が将来大きく成長すると確信していたことが敗因です。思い込みが激しく、間違いに気づくのが遅れました。

　小型成長株に投資する時、私はなるべく実際に取材して企業内容をよく理解してから投資することにしていました。当時は、年間200社あまりの企業を取材して投資先を選んでいました。昭文社もそうして実際に取材して選んだ銘柄です。

　昭文社は2000年当時、出版事業をメインとしていましたが、新規に電子地図事業を始めて成長させる意欲を持っていました。出版事業が将来的に縮小しても、代わって電子地図事業が急成長すると期待されていました。私は昭文社を取材し、電子地図事業の成長を確信しました。

　①電子地図の需要急増はほぼ確実、②当時きちんとした電子地図を作れるのはゼンリンと昭文社の2社だけ、③全国に調査員を置いて最新情報をきめ細かに書き込んでいるのもゼンリンと昭文社だけでした。

　ところが、昭文社はその後、わずかな黒字か赤字を繰り返す構造不振企業となってしまいました。出版事業の縮小が続く中、電子地図で稼ぐことができませんでした。ネット上で無料の電子地図がいくらでも利用できる時代となったためです。最も重要な収益源と期待されたカーナビ向けはゼンリンに取られました。

　ここから得られる教訓ですが、どんな事情があろうと急落する小型株はいったん売り、頭を冷やしてから考え直すということです。企業内容をきちんと調べることが重要であるのは言うまでもありませんが、それでも、企業の未来を正確に予想することはできません。

チャートの節
を読む

■ チャートの節とは？

　野生の森林には「けもの道」があります。たくさんの動物が何度も通ることによって踏み固められ、自然と「道」のようになるところです。ひとたび「けもの道」ができると、後から来る動物の多くがそこを通るようになります。

　同じように、株価チャートには「節」があります。節とは、多数の投資家がそこで立ち止まって売買をする価格帯です。ひとたび「節」ができると、上昇トレンドの時も下降トレンドの時も、その価格帯はあっさり通過せず、多くの投資家がそこに踏み留まって売買します。

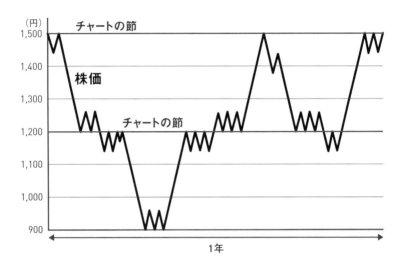

　上のチャートで、1,200円と1,500円が節となっています。株価が節より下にある時、チャートの節は「上値抵抗線（レジスタンスライン）」となります。株価が上にある時は、節が「下値支持線（サポートライン）」となります。

チャートの節はどこ?

A社とB社、買うならどっち?

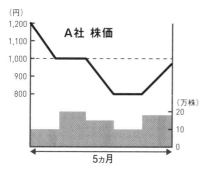

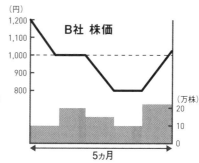

🔑 ポイント　上値抵抗線

　A社とB社どちらも、4ヵ月近く、下げトレンドが続いてきた株価が、足元の1ヵ月でやっと反発を始めたところです。とてもよく似たチャートです。違いは、反発局面の株価と売買高です。

　一目見てわかるのは、どちらも1,000円が「チャートの節」になっているということです。チャートの節は、株価が下から上がってくる時は、「上値抵抗線」となることがあります。1,000円で買った投資家の戻り売りが出やすいからです。

　両社とも株価が下落トレンドにあった時、1,000円でいったん下げ止まり、売買高が増えています。「1,000円まで下がれば割安」と判断した投資家が買いを入れたためです。約1ヵ月間、1,000円で売り手と買い手の攻防が続きましたが、最後は売り手が勝ち、株価は800円まで下がりました。1,000円で買った投資家は、「しまった！」と後悔しています。その後、株価がまた1,000円前後まで戻りました。買い値近くまで戻ったことで、「やれやれ助かった」と戻り売りを出したくなる投資家が増えます。

　B社を選ぶべき理由は3つあります。

（1）B社株価は1,030円まで上昇。節を抜けた可能性も。1,000円で買った投資家の多くは、含み損をかかえている間、「買い値に戻ったら売ろう」と思っています。ところが、ひとたび買い値を超えて含み益が得られると「売らないで良い」という気分に変わります。

（2）現在の売買高が多い。

（3）1,000-1,200円の価格帯での過去の売買高が少ない。戻り売りをこなして、株価が上昇しやすい。

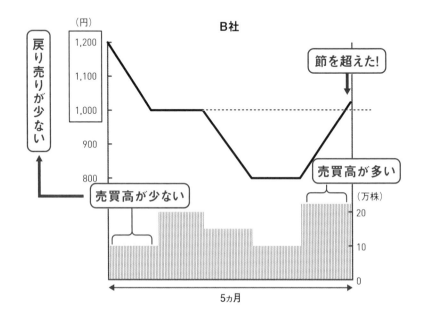

32

下落トレンドから上昇トレンドへ

C社とD社、買うならどっち？

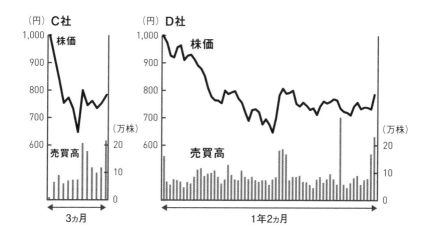

（円）**C社**
1,000
900
800
700
600
株価
（万株）
20
10
0
売買高
3ヵ月

（円）**D社**
1,000
900
800
700
600
株価
（万株）
20
10
0
売買高
1年2ヵ月

! ヒント　戻り売りの可能性

　両社とも「1,000円から650円まで株価が急落してから800円まで急反発。その後、しばらく休んでから、もう一度戻り高値を試そうとしている」状況です。「ここから戻り売りがどれくらい出そうか、戻り売りをこなして上昇しやすいのはどちらか」を考えてください。

　まず見るべきは「チャートの節」。売買高の多いところが節になりやすいでしょう。両社とも、急落後の急反発時に800円をつけたところで、売買高が増加。したがって、800円が節として意識されます。800円に近づくと、戻り売りが増える可能性があります。まさに株価が800円に近づく今、ここから戻り売りをこなして上昇しやすいのはどちらでしょう？

■ C社は日柄整理ができていない、D社は日柄整理が十分

　C社は急落後、日が浅い。株価を急落させる悪材料が出てから十分な日数が経っていない（日柄整理ができていない・悪材料が新しい）ので、高値で買った投資家からの戻り売り圧力が強い。D社は急落後、かなり日数が経過。高値で買った投機筋の損切りが進み戻り売りが少なく、新たな上昇トレンドに入りやすいと言えます。

■ 13週移動平均線をつければ一目瞭然

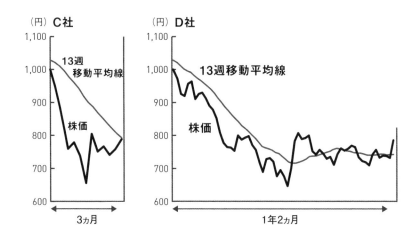

　日柄整理ができていないC社は、13週移動平均線が下向き。一方、D社は13週移動平均線が上向きに転換中。移動平均線を見ないで「日柄の違い」を見抜く問題でしたが、いかがでしたか？

33

２つのチャートの節

Ｅ社とＦ社、買うならどっち？

週足チャートから、判断してください。

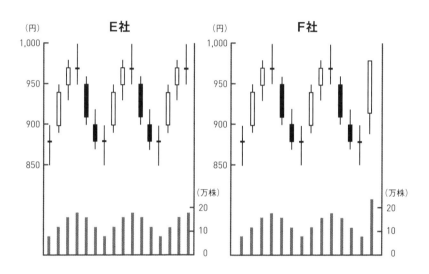

! ヒント　チャートの節に線を引く

　両社とも、チャートの節が２つあります。どこでしょうか？

　上にある「チャートの節」は「上値抵抗線」になる傾向があります。買い値を回復して「やれやれ助かった」と戻り売りを出す投資家が増えやすい価格帯だからです。

　下の節は「下値支持線」となる傾向があります。「ここまで下がったら買ってみよう」と押し目買いの目安とする投資家がいるからです。

　売買高の変化も見てください。株価が上がる時には売買高が増え、下がる時は売買高が減る傾向があります。

　Ｆ社チャートでは、880円と970円が「節」になっていることがわかります。売買高が急増、大陽線をたてて、チャートの節を超えました。何か好材料が出た直後と思われます。

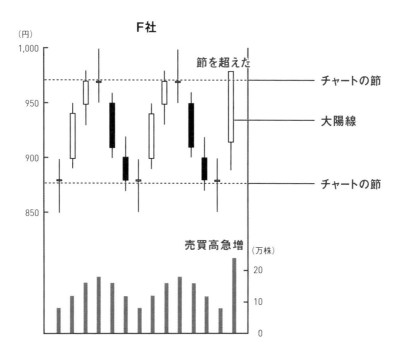

　880円で３回「十字足」が出ています。Q21で解説したように、十字足は気迷いを表し、安値圏で出ると株価反発のきっかけとなることがあります。Ｆ社では実際反発しています。したがって、880円がチャートの節（下値支持線）となっています。

　970円では２回「十字足」が出ています。高値圏で出ると株価反落のきっかけとなることがあり、実際反落しているので、970円がチャートの節（上値抵抗線）となっています。

Q 34　3度目の上値トライ

G社とH社、買うならどっち？

　G社もH社も、何らかの材料か思惑があるようです。どちらも過去3ヵ月に2度、1,000円超えをトライしています。ところが、2度ともすぐ売られて急反落しています。今、3度目の上値トライをしているところです。

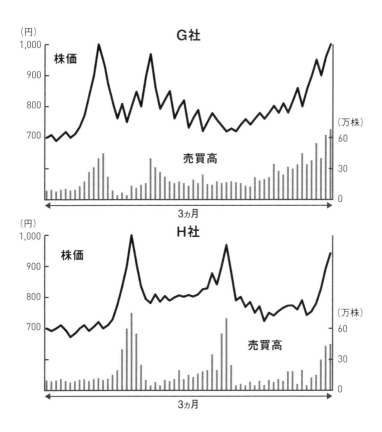

　G社は、十分な日柄調整をした後、売買高の大幅増加を伴って上値にトライしているので、買ってみて面白いところです。一方、H社は売買高が十分に増えていません。

　G社もH社も、970円-1,000円が上値抵抗線になっています。

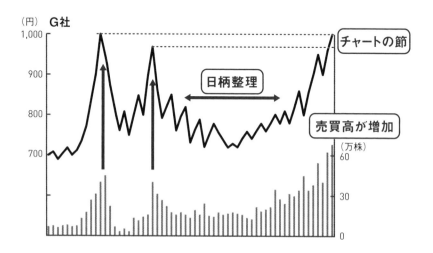

　3ヵ月前、1,000円まで株価が急騰した時に売買高が増加しましたが、株価はすぐに反落。ここで買った人は「しまった」と後悔しています。その後、970円まで株価が急騰した時も売買高が増えましたが、すぐ反落。これで970円-1,000円は、戻り売りが出やすい「上値抵抗線」（上値のしこり）となりました。

　日柄調整しているうちに、高値で買った投資家の一部は損切りしたでしょう。3度目の上値トライで、さらに戻り売りが出たはずです。それでも、何らかの好材料が出たことによって売買高が大きく増加したと考えられるので、戻り売りをこなしていけるでしょう。

Q 35

急騰後のもみ合い

　I社は、4ヵ月くらい前に何らかの買い材料が出て株価が急騰しました。ただし、上昇ピッチが速すぎたことから、1600円まで上昇した後、利益確定売りで一時1,320円まで反落しました。ただし、そこでは押し目買いが入って1,500円まで反発しました。しかし、そこでは戻り売りが出て、また反落しました。

　その後、1,320円から1,500円の間でしばらく推移していました。激しく乱高下していた株価も、徐々に値動きが小さくなっていきました。

売り、買い、様子見、どうする？

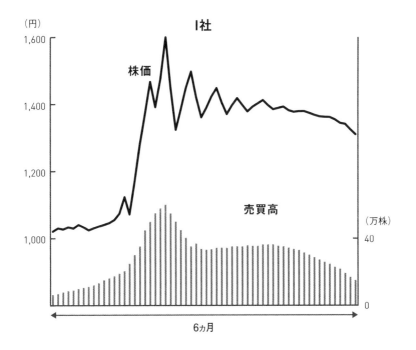

　Ｉ社は、４ヵ月前に買い材料が出て株価が急騰しましたが、上昇ピッチが速すぎて1,600円から1,320円まで反落しました。その後、1,600円（上値抵抗線）と1,320円（下値支持線）の間で、三角もち合いを形成しました。

　しかし最近、売買高がどんどん減って、下値を切ってしまいました。これが何を意味するか考えてください。４ヵ月前に出た買い材料が、時間が経過するうちに「たいした話ではない」と評価が下がったか、あるいは、４ヵ月前の好材料を打ち消すような悪材料が出たのかもしれません。

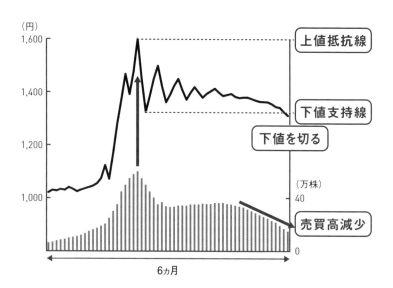

Q 36 暴落後のもみ合い

次の J 社は、売り、買い、様子見、どうする？

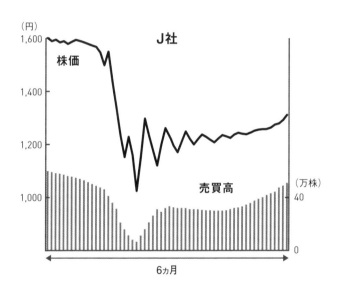

（円）
1,600
株価
1,400
1,200
1,000

J社

売買高

（万株）
40

0

6ヵ月

(!) ヒント　　**チャートの節と売買高に注目**

　売買高が増加している時、何が起こっているかを考えてください。

（1）売買高増加→株価下落→急いで売っている投資家がいる

（2）売買高増加→株価上昇→買い集めている投資家がいる

　ファンドマネジャー時代、私が小型株を大量に売りまたは買いたい時、なるべく意図を悟られないよう少しずつ継続的に発注しました。それでも、どうしても売買高が増加します。売買高を見ている投資家には、私の行動を見抜かれてしまったと思います。

第4章　チャートの節を読む

109

　J社は売買高が増加して、上値の節を抜きました。ここから上は、下落時に売買高があまり多くなかった価格帯なので、しばらく戻り売りをこなして上昇が期待できます。

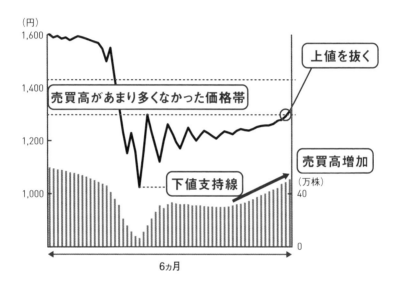

　J社は、Q35のI社のチャートの上下を逆さまにして作ったものです。売買高の増減も逆です。

 これだけは、覚えておこう！

・上下を逆にすると、買いシグナルは売りシグナルに、売りシグナルは買いシグナルに変わる。

・「買い」と判断したチャートを、たまに逆から見てください。「売り」に見えますか？　見えなければ、買い判断は間違いかも。

Q 37 ストップ安の対処法

Q36 の J 社を 100 株、1,312 円で買ったところ、いきなり悪材料が出て、次の日は売り気配スタート。午前中やっと値がついた時には 20％以上安い 1,042 円。

ここからどうする？

（1）1,100 円で 100 株、指値売り　（2）1,050 円で 100 株、指値売り
（3）100 株成行売り　（4）1,020 円で 100 株、指値買い

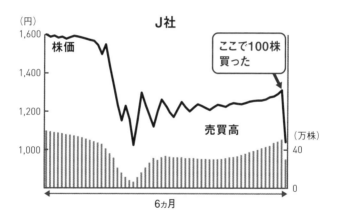

🔑 ポイント　指値と成行を使い分ける

・「指値注文」：銘柄、価格、株数を指定して、買いまたは売りの注文を出す方法。1,050 円で指値売りを出すと、同価格で先に出された指値売り注文がすべて買われた後、さらに買いが入れば、売りが成立します。
・「成行注文」：価格を指定しないで出す注文。成行売りならば、その時点で出ている指値買い注文のうち、一番高いものにヒットして即座に売りが成立します。

第4章　チャートの節を読む

　三十六計逃げるにしかず。どんな買いシグナルも、それを打ち消す「強い下げ」が出れば、「強い売りシグナル」に変わります。それができれば、あなたは上級者です。

　問題は注文の出し方です。確実に売れる「成行」にしましょう。保有株に緊急事態（とんでもない悪材料）が起こった時は、少しでも早く保有を無くすことを最優先すべきです。

　東京証券取引所のルールにより、この日の最大値幅は300円です。つまり、J社は前日終値が1,312円でしたから、300円安の1,012円までしか下がりません。そこまで株価が下がって買い注文が無くなると「ストップ安」「売り気配」となり、その後は取引が成立しなくなります。わずかなリバウンドに期待して指値売りを出している間に「ストップ安・売り気配」となって売買ができなくなると、悔やんでも悔やみきれません。次の日また売り気配で始まり、さらに大幅安となることもあるからです。

　この問題は、Q3と同パターンです。「めったに起こらない不幸に遭遇したら→ただ損切りするだけ」を、しっかり肝に銘じていただくために重ねて出題しました。

　チャートの売買シグナルを覚えて、そのパターンに当てはまるチャートを探すことに一生懸命になり過ぎると、その買いシグナルが外れた時にどうしていいかわからなくなる人がいます。シグナルが外れたら、売るだけです。

■「逆指値・成行売り」注文を活用

「保有株が暴落してすかさず売るなんてできない。日中は他にやることがある」と思った方が多いと思います。そういう時、「逆指値・成行売り」注文を使うこともできます。保有株に悪材料が出て下落し、指定した価格まで下がったら自動的に「成行売り」が発注されるのが、逆指値・成行売り注文です。値動きの荒い株を保有している時にあらかじめ出しておくと損失を一定範囲に限定できることがあります。

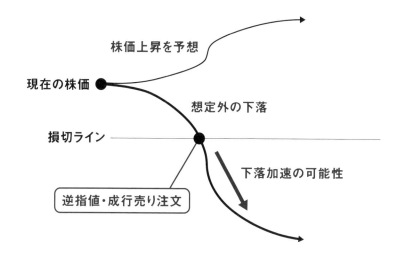

株価上昇を予想

現在の株価

想定外の下落

損切ライン

逆指値・成行売り注文

下落加速の可能性

■ 「指値」と「逆指値」の違い

逆指値注文には、売り注文も、買い注文もあります。意味を説明すると、以下の通りです。

・「逆指値売り注文」：指定した価格まで、株価が下がった時、出される売り注文
・「逆指値買い注文」：指定した価格まで、株価が上がった時、出される買い注文

逆指値の成行売り注文だけ覚えて、使っていただければＯＫです。逆指値買い注文は、信用取引で信用売りした時などに使うくらいで、通常の取引で使うことはほとんどありません。

それでは、具体例で説明します。以下のように、指値売り注文と、逆指値の成行売り注文はセットで入れることもできます。

例：株価1,000円でＫ社株100株買った後、「1,050円で100株の指値売り」と、「950円で100株の逆指値成行売り」を入れる。

第4章　チャートの節を読む

指値 売り注文	株価	逆指値 売り注文
100株	1,050	
	1,000 ←	現在の株価
	950	100株

　K社株が1,050円まで上昇し、あなたが入れた指値売り注文にヒットすれば、1,050円で利益確定売りが成立します。一方、K社株が下落し、950円をつけた時は、損失確定の成行売り注文が出されます。その時点で、950円に指値の買い注文が残っていれば、950円での損切りが成立します。950円の買いがなくなっている場合は、もっと下の値段で売ることになります。

　逆指値の成行売りを出しておけば、いろいろ迷って損切りできない人も、自動的に損切りできるメリットもあります。

Q 38 節と節の間で攻めぎあい

L社の8ヵ月の週足と売買高です。

売り、買い、様子見、どうする？

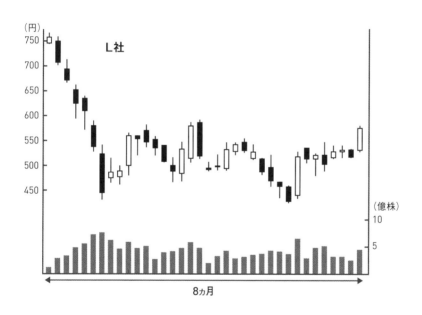

ヒント　暴落後はボックス圏で推移

　L社の週足と売買高には、たくさんの情報が詰まっています。8ヵ月前に暴落して、その約1ヵ月後に400円台でいったん底をつけて反発。暴落の最終局面で、売買高が大きく増えたことがわかります。暴落に耐え切れず、大慌てで売った投資家がたくさんいたようです。

　その後、株価は反発して何回か上値トライをしましたが成功せず。下値トライもありましたが下放れもせず、ボックス圏で推移しています。

第4章　チャートの節を読む

115

　まだ、上値の節を抜けていませんし、売買高もあまり増えていないので、私なら様子見をします。

「買い」でもOKです。2ヵ月前に「大陽線」をたててから下値切り上げが続き、上値抵抗線のすぐ手前まで株価が戻ったからです。前回、上値トライに失敗してから4ヵ月経っているので日柄整理は十分、100株を試し買いして、ダメならすぐ売りでもOKです。

　その後の2週間の週足をつけたのが、以下のチャートです。以前と同じように、600円手前の上値抵抗線で打ち返されて、ボックス圏に戻されてしまいました。

　2週前の時点での「売り」は筋が良くない判断です。もし上へ抜けると、大失敗になるからです。たまたま下がりましたが、結果論に過ぎません。

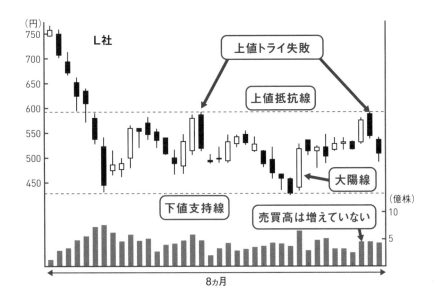

39　10ヵ月間の攻防

　Q38 のチャートからさらに 2 ヵ月が経ちました。L 社の 10 ヵ月間の
週足チャートと売買高です。

ここでは、売り、買い、様子見、どうする？

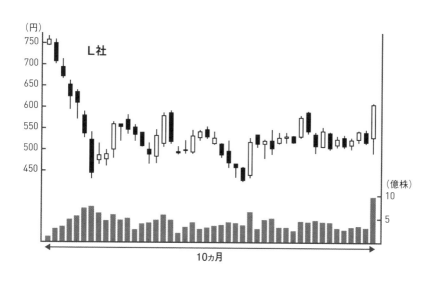

🔑 ポイント　ばくちではなく技術で勝つ

　Q38のチャートでは、実際の株価はその後下がりました。結果だけ見
れば、買いが失敗で売りが成功です。ただし、それは偶然に過ぎません。
　チャートを見ただけでは、「どちらかわからない」状態でした。その
ような時、売りか買いのどちらかに決めて無理に勝負するのは「ばくち」
です。本書では、「ばくち」ではなくトレーディング「技術」で勝つ方
法を学んでいただきたいので、前問のような解説となります。

　売買高が急増。長い下ヒゲのついた大陽線をたて、上値抵抗線を超えたので、ここから上昇加速が期待できます。

　実際、株価はそこから、以下のチャートの通り、急騰しました。

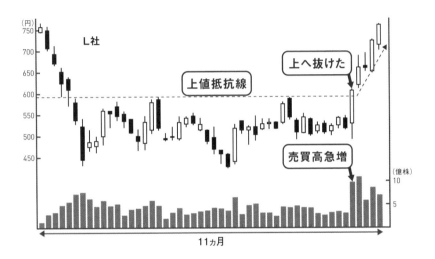

　「ばくち」ではなく「トレーディング技術」で勝つとは、このようなところで買って稼ぐことです。ファンドマネジャー時代、私は週末に東証一部全銘柄の週足チャートをチェックしていました。そこでこういうチャートを見つけるととても嬉しくなり、次の月曜日の朝、成行で買い注文を出していました。

株価は横ばい、でも将来的にチャンスがありそう

　5ヵ月前、売買高の大幅増加を伴って、M社の株価が急騰しました。政府系の大きなビジネスを受注する期待が出たためです。そこで100株投資しました。

　ところが、すぐに実現する話ではないと伝わり、株価は間もなく急落しました。結果的に高値づかみとなってしまいました。そのビジネスをいつかは受注するだろうとの思惑が続いているため、最近も売買を伴って急騰することがあります。ただし、急騰してもすぐ売られる展開が続いています。

売り、買い、様子見、どうする？

　夢や思惑だけでは買えません。上値トライに何度も失敗するうちに、高値づかみして後悔している投資家が増えています。そろそろしびれを切らして、処分売りを出すタイミングです。

　実際、M社株は以下の通り、その後2ヵ月で大きく下がりました。

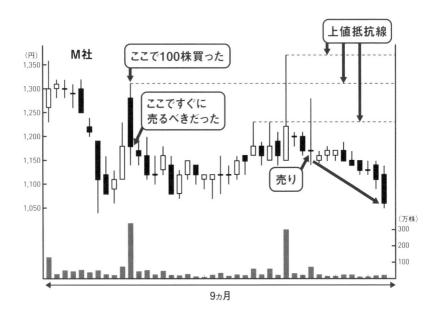

　私なら、この株をこんなに長くは持ちません。100株買った直後に急落したところで、すぐ処分売りします。

　買った時は、チャートに買いシグナルが出ていました。売買高急増で週足が陽線となる見込みでした。ところが、直後の株価急落で、週足は大陰線となりました。その時点で、強い売りシグナルが出ています。

「指値」「成行」注文の賢い使い方

■ 「指値注文」の意味

　株式を売買する時の注文の出し方は、いろいろあります。最もよく使われるのが、指値注文と成行注文です。この2つの注文方法をしっかり理解して、適切に使い分けられるようにすることが大切です。

　指値注文とは、「銘柄」「価格」「株数」を指定して「買い」、または「売り」の注文を出す方法です。たとえば、取引時間中、801円の株価がついているA社株に対し、以下のような指値注文が入っているとします。

売り株数	値段	買い株数
13,200	803	
12,500	802	
9,200	801 ← A社の現株価	
	799	2,300
	798	5,200
	797	8,400

　板情報とは、売買注文の入り方を示すものです。A社では、801円に9,200株、802円に12,500株、803円に13,200株の売り指値注文が、799円で2,300株、798円で5,200株、797円で8,400株の買い指値注文が入っています。

　ここでA社株を買うための指値の入れ方には5通りあります。

■ 買い注文の入れ方（1）　下値に買い指値を入れる

　前ページの板情報でA社株を買おうとする時、「797円で100株買い」のように、現在の株価よりも下に、買い指値を入れることもできます。ただし、その場合は、株価が797円まで下がらないと、買えません。株価が797円まで下がっても、すぐに買えるわけではありません。先に入っている買い指値注文8,400株がすべて約定した後、さらに797円で売り注文が入れば、その時、797円で買えます。

　もっと早く買いたい時は、どうしたら良いでしょう？

■ 買い注文の入れ方（2）　先頭に買い指値を入れる

「800円で100株の買い」というように、今、見えている買い指値よりも上に買い指値を入れることもできます。こうすれば、800円以下の売り注文が入った時に、最初に約定します。ただし、800円以下で売る注文が入らないと、買うことはできません。

　すぐに買いたい場合は、どうしたら良いでしょう？

■ 買い注文の入れ方（3）　売り指値のあるところに買い指値する

「801円で100株の買い」と、今、売り指値が入っているところに、買い指値することもできます。場にある指値注文が変わらなければ、801円で100株買えます。

　ただし、一瞬先に、801円以上で9,200株以上買い注文が入ってしまうと、801円の売り指値はなくなりますので、買うことはできません。その場合は、801円で100株の買い指値注文として、場に残ります。

　より確実にすぐ買いたい場合は、どうしたら良いでしょう？

■ 買い注文の入れ方（4）　上値に買い指値を入れる

「803円で100株の買い」というように、上値に指値を入れることもできます。場にある指値注文が変わらなければ、801円で100株買えます。「803円で買い指値したら、803円で買えてしまう」と勘違いしている人もいます。803円の買い指値注文とは、正確に言うと、「803

円以下の最も有利な価格で買う」注文です。801円に売り指値があれば、801円で買えます。801円に買い指値するのと、結果は同じです。

　それでは、801円ではなく、あえて803円に買い指値する意味は何でしょう？　一瞬先に801円や802円の売り指値を買われてしまった時でも、803円で買うことができるということです。

　買いシグナルが出てすぐ買いたい時は、指値ではなく、成行注文を入れるべきです。

■ 買い注文の入れ方（5）　成行で買い注文を入れる

　確実に100株買いたければ、指値ではなく、成行の買い注文を入れるべきです。成行で買いを出せば、その時点で場に出ている指値売り注文のうち、一番安いものにヒットし、即座に買いが成立します。A社で板が変わらなければ、801円で100株買えます。

■ トンでもない高値買いを避けるには、上値に指値が良い

　買いシグナルが出ている銘柄には成行で買いを入れるべきですが、成行注文には欠点もあります。

　以下のような板の時には要注意です。

売り株数	値段	買い株数
1,500	816	
100	804	
200	801 ← A社の現株価	
	799	2,300
	798	12,600
	797	5,200

　高速取引が普及している今日、一瞬先に大量の成行買いが入って、板

に出ている安値の売り物が先に全部取られてしまうこともあります。798円に12,600株もの買い注文が入っています。一方、売り指値は少ししか入っていません。下値の買い注文の一部が成行に変わると、見えている売り指値はすべて取られて、あっという間に、株価が急騰することもあります。そうなると、一瞬後に入ったあなたの成行買い注文は、816円、あるいはもっととんでもない高値で買わされることになります。

　804円までならば買いたいが、それ以上、高値では買いたくないならば、成行ではなく804円に買い指値を入れるべきです。　運よく板が変わらなければ、801円で買えます。801円の売り物が先に取られても、804円の売りが残っていれば、804円で買えます。そこまでの売りがすべて取られてしまえば、あなたの注文は約定せずに、場に残ります。

ボリンジャーバンド
を読む

■ ボリンジャーバンドとは？

　第5章では、私がファンドマネジャー時代に最も信頼していた「ボリンジャーバンド」から得られる売買シグナルを学びます。アメリカのアナリスト、ジョン・ボリンジャー氏が考案したことから、そう名付けられています。

　ボリンジャーバンドとは、移動平均線と標準偏差から計算される2本の線のことです。

・「移動平均」＋（「標準偏差」×2）
・「移動平均」－（「標準偏差」×2）

　この2本をあわせて、ボリンジャーバンドと呼びます。

　株価チャートに、移動平均線だけでなく、2本のボリンジャーバンドを加えると、株価のボラティリティ（変動性、略してボラ）変化を見るのにとても便利です。

　以下は、2019−2020年の日経平均週足チャートに13週移動平均線と2本のボリンジャーバンドを引いたものです。

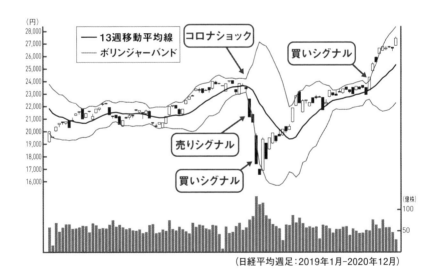

（日経平均週足：2019年1月-2020年12月）

　2020年2月、コロナショックで急落したところで売りシグナル、さらに急落すると買いシグナルが出ています。その後11月にも買いシグナル。シグナル通り売買していれば大成功です。

■「買いシグナル」の本質

「何か良い材料が出て投資家がいっせいに買い始めた瞬間」を示すのが、ボリンジャーバンドの「買いシグナル」です。それまでおとなしく推移していた株価が、突然ガツンと大きく上昇し始めた瞬間をとらえるものです。そこで、すかさず買うべきです。早すぎても、遅すぎてもダメです。

早すぎると、ダマシに遭いやすくなります。株価が上がったところで買ったら、そこが天井。すぐ下がってしまうのがダマシです。

遅すぎるのも問題です。株価はもう大幅に上昇した後で、好材料は株価に織り込み済みかもしれません。

ちょうど良いタイミングとは、次の通りです。

（1）上昇に勢いがついている時

もはや後戻りできない、ダマシはない、スピードが出た状態。

（2）材料が新しい時

上昇が加速してから日が浅い、1週間くらいしか経っていない時。

■ 売りシグナルの本質

売りシグナルは、買いシグナルの逆です。「何か悪材料が出て、投資家がいっせいに売り始めた瞬間」を示すのが、ボリンジャーバンドの「売りシグナル」です。

■ ボリンジャーバンドの幅からボラ変化を読む

ボリンジャーバンドの幅は、相場が大荒れになると拡大、相場が静かだと縮小します。以下、p126 のチャートを再掲します。

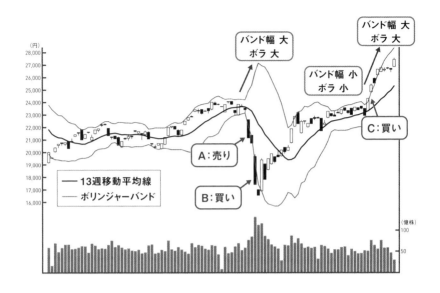

 これだけは覚えておこう

■ ボラ拡大の初動に乗る:私が最も信頼する売買シグナル

・買いシグナル:バンド幅が狭いところで株価が急上昇、バンドまで上
　昇したところで「買い」

　→上のチャートの「C:買い」

・売りシグナル:バンド幅が狭いころで株価が急落、バンドまで下落し
　たところで「売り」

　→上のチャートの「A:売り」

■ ボラが高すぎる時の逆バリ

・買いシグナル:バンド幅が広くなったところで株価がさらに急落、バ
　ンド外へ出たら「買い」

　→上のチャートの「B:買い」

・売りシグナル:バンド幅が広くなったところでさらに株価が急騰、バ
　ンド外へ出たら「売り」

41　標準偏差とは

　正規分布するデータで、「平均値±標準偏差」の範囲に全体の約何％のデータが入りますか？「平均値±2標準偏差」では、約何％入りますか？　それぞれ以下から選んでください。

　　A：約20%　　B：約68%　　C：約95%

　このグラフを参考に考えてください。

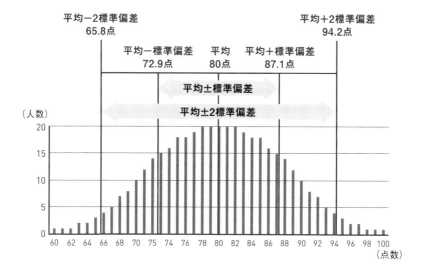

　これは、学生412人のテスト結果（得点別の人数分布）を示しています。最低点は60点、最高点は100点、平均点は80点、標準偏差は7.1点でした。平均点を中心に、ほぼ正規分布しています。平均値±標準偏差は72.9−87.1点、平均値±2標準偏差は65.8 − 94.2点です。

■ ボリンジャーバンドと標準偏差

ボリンジャーバンドの意味を正しく理解していただくために、標準偏差を理解するための問題を出しました。ボリンジャーバンドは移動平均線の上下にひく 2 本の線で、1 本は「移動平均＋2標準偏差」、もう 1本は「移動平均−2標準偏差」です。もし株価が正規分布していれば、上下 2 本のボリンジャーバンドの範囲に、株価の約 95％が収まることになります。

13 週移動平均線の上下にボリンジャーバンドが引いてあり、過去 13週間、ボラの小さい相場が続いていたとします。すると、ボリンジャーバンドの幅は狭くなります。

そこへ突然、株価が急騰して上のボリンジャーバンドまで届くとは、どういう意味でしょう？ 過去 13 週間に無かった「新しい動き」が出たと考えられます。何か新しい好材料が飛び出してボラが大きくなったのでしょう。そこで買っていけば、出たばかりの好材料に乗ることができます。

ただし、過去 13 週間、ボラの高い上昇相場が続き、ボリンジャーバンドの幅が広くなっている時に、株価がさらに上のバンドを超えていく場合は、話が変わります。

めったにない高ボラ上昇相場が続いた後、さらに激しく上昇するということは、上昇が「行き過ぎ」の可能性があります。そういう時は、少し売ってみたいところです。

ボリンジャーバンドは正しく意味を理解して使うとすばらしい武器になりますので、さらに問題を解きながら、しっかり理解するようにしてください。

42　ボラティリティ上昇

D、E、F、G、4社の26週間の株価チャートです。

後半13週間で、
ボラが上昇しているチャートはどれ？

2つ選んでください。

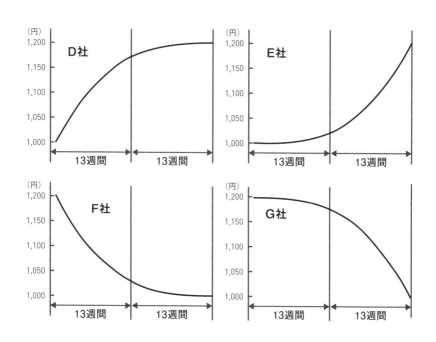

（！）ヒント　ボラと株価の関係は……

　ボラが上昇するとは、値動きが激しくなることです。ボラが上昇すると、ボリンジャーバンドの幅は拡大します。逆にボラが低下するとは、値動きが小さくなることで、ボリンジャーバンドの幅は縮小します。

　4社チャートの後半13週間に、13週移動平均線とボリンジャーバンドを付けました。E社とG社でボラ上昇、バンド幅が拡大しています。E社では株価が上のバンドに乗り（買いシグナル）、バンドに乗ったまま株価が上昇する「バンドウォーク」が起こっています。G社でも、下のバンドに沿って株価が下落する「バンドウォーク」が起こっています。

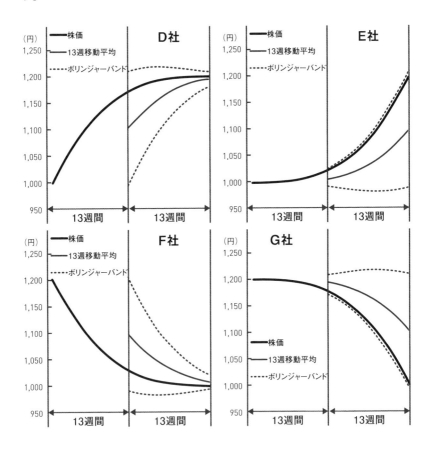

43 買いシグナル直後の急落

東証一部上場のH社の過去5ヵ月の週足に2本のボリンジャーバンドを書き込んだチャートです。3週間前、長い陽線をたてたところで100株買いましたが、その後、急落してしまいました。

売り、買い、様子見、どうする？

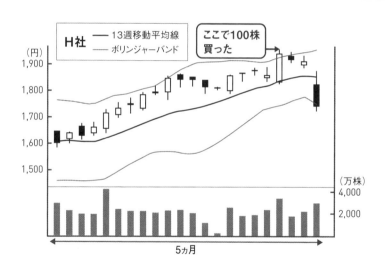

H社
— 13週移動平均線
— ボリンジャーバンド

ここで100株
買った

(円)
1,900
1,800
1,700
1,600
1,500

(万株)
4,000
2,000

5ヵ月

(!) ヒント　**ボリンジャーバンドからボラの変化を読み取る**

ボラがどう変化しているかを考えてください。ちなみに、A.42のD、E、F、Gの4社では、以下の通りです。
・D社：株価上昇、ボラ低下
・E社：株価上昇、ボラ上昇
・F社：株価下落、ボラ低下
・G社：株価下落、ボラ上昇

■ 何か大きな悪材料が出たはず

H社は、先週まで順調に上昇トレンドを歩んでいました。13週移動平均線とその上のボリンジャーバンドの間で、過熱感のない上昇が続いていました。そこで3週間前、長い陽線が出て株価が上のボリンジャーバンドまで上昇したところで100株買ったのは、悪くない投資判断だったと思います。

ところが運悪く、今週、何かとんでもない悪材料が出たようです。株価はいきなり13週移動平均線を割れ、下のボリンジャーバンドまで急落してしまいました。

突然のボラ上昇で株価急落。こうなると、これまでH社を買ってきた投資家も慌てて売りに回る可能性があります。傷が広がらないうちに、損切りするべきです。

■ 不運に見舞われた時こそ、冷静に

買いの判断は悪くなかったのに、不運にも株価はすぐ急落。ここで損切りは辛いところですが、それができれば上級者です。迷って様子見も、やけになって買い増しもダメです。

本書では「買いシグナルで買ったのに、不運にも株価が急落して損切りが必要になる」パターンを繰り返し出題しています。

現実には、そんな不運が何度も繰り返されるわけではありません。たまに訪れるとんでもない不運に冷静に対処できれば、次は超ラッキー・トレードに巡り会うかもしれません。

44 含み損拡大

Q43のH社の週足チャートに、その後3週間の動きを追加しました。Q43の正解は売り（損切り）でしたが、売らずに持ち越して含み損が拡大してしまったと考えてください。

ここから、売り、買い、
様子見、どうする？

H社株は、売買高を大幅に拡大させながら、暴落しました。悪材料に驚いた投資家が、大量に投げ売りしてきたと考えられます。

ボラが急上昇し、ボリンジャーバンドの幅は急拡大しました。株価は、下のボリンジャーバンドを突き抜けて、さらに大きく下がったところです。

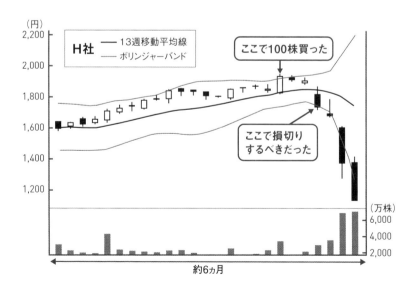

第5章　ボリンジャーバンドを読む

■ バンド幅が広いところで、下のバンドを突き抜ける

　H社は、ボリンジャーバンドの幅が広くなったところで株価がさらに急落、下のバンドを突き抜けました。売買高が急増しているところを見ると、かなり投げ売りが出た後だと思います。もし、まったく保有していなければ、リバウンド狙いで少し買ってみても面白いところです。ただし、実際には100株保有しているので、ここで買い増しすると保有が多くなり過ぎます。

　移動平均線が下向きに転じたH社は、いずれ損切りすべきです。少しだけ様子見し、リバウンドを待って損切りしましょう。H社株はその後、以下のように推移しました。

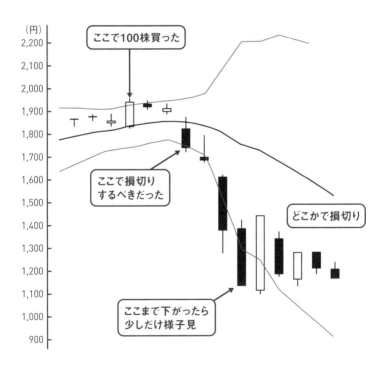

45　総合的な判断力

I社の過去9ヵ月の週足チャートです。

売り、買い、様子見、どうする？

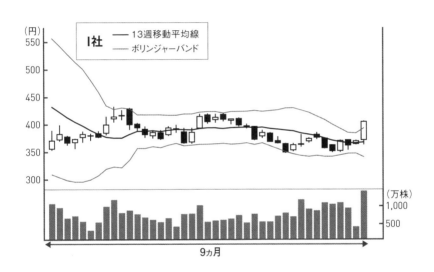

(円)　I社　■13週移動平均線　ボリンジャーバンド

9ヵ月　(万株)

! ヒント　これまで学んだ知識を総動員！

（1）売買高はどう変化していますか？

（2）ローソク足の形はどうですか？

（3）チャートの節はどこにありますか？

（4）日柄整理はできていますか？

（5）移動平均線の傾きはどうなっていますか？

（6）ボリンジャーバンドの幅は広いですか狭いですか？

（7）株価はボリンジャーバンドのどの辺にありますか？

　これまで学んだことを1つずつチェックしましょう。

（1）売買高が急増した（何か好材料が出たらしい）。

（2）「大陽線」を立てた（ローソク足は強い形）。

（3）チャートの節を株価はまだ超えていない（株価が節まで上がると戻り売りが増えそう）。

（4）日柄整理はできている（戻り高値から4ヵ月経過）。

（5）13週移動平均線は上向きに変わりつつある。

（6）ボリンジャーバンドの幅が狭いところで、株価が上のバンドまで急騰した（買いシグナル）。

　チャートの節をまだ抜けていませんが、総合的に見て「買い」と判断します。Ｉ社株は、チャートの節で戻り売りをこなすのに4週間かかりましたが、その後バンドに沿って上昇が続きました。

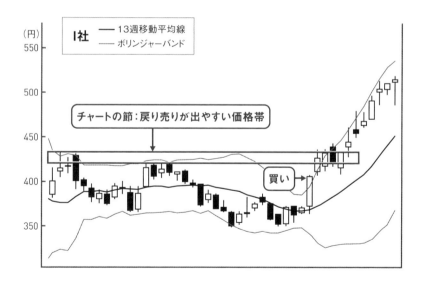

Q 46 移動平均線とボリンジャーバンド

J社とK社の6ヵ月のチャートです。

売り、買い、様子見、どうする？

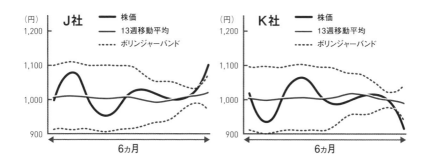

🔑 ポイント チャートから読み取れること

「チャートの売買シグナルをまったく信用しない」と言うファンドマネ
ジャーと議論したことがあります。私が「なぜ信用しないのですか？」
と聞くと、「チャートのシグナルなんて占いやまじないのようなものでイ
ンチキが多い」と言います。なるほど、確かにそういう占い師のようなチ
ャーチストもいます。売りとも買いとも判断がつかないチャートを見て難
しい顔をしながら「ヒンデンブルグオーメンが出ているから近く下がる」
みたいにお告げを述べるタイプです。私もそういうタイプは信用しません。

　私のチャートの見方はシンプルです。チャートから読み取るのは需給
です。誰かが売ろうとしている、誰かが買おうとしていると読み取れる
ものに乗っていきます。現実には、テクニカル指標だけで自信を持って
投資判断できるチャートにはめったにお目にかかりません。9割以上の
チャートは「判断できない、様子見」となります。

第5章　ボリンジャーバンドを読む

139

■ バンド幅が狭くなったところで株価が大きく変動

　ボリンジャーバンドの幅が狭いところで、株価がバンドの外にポンと飛び出した時は、トレードのチャンスです。このパターンが、私がファンドマネジャー時代、最も信頼していた売買シグナルです。

　J社もK社も、6ヵ月前から1ヵ月前まで、ボリンジャーバンドの幅が少しずつ縮小していることが確認できます。株価は行ったり来たりのボックス相場で、だんだん値動きが小さくなっていきました。つまり、新しい材料が無く、株価は上へも下へも動きにくくなっていたのです。

　ところが今、株価が突然ボリンジャーバンドの外に飛び出しました。J社は株価が急騰して上のボリンジャーバンドを超えたところで、K社は株価が急落して下のボリンジャーバンドを下回ったところです。その意味をもう一度、復習しましょう。

■ ボリンジャーバンドの復習

（1）ボリンジャーバンドは、「13週移動平均＋2標準偏差」と「13週移動平均－2標準偏差」の2本の線のこと。

（2）過去13週間の株価が正規分布していれば、株価が2本のボリンジャーバンドの中に収まる確率は約95%。

（3）株価がボリンジャーバンドの外に出たということは、過去13週間になかった新しい変動が起こった（ボラが高まった）ことを意味します。

　何か新しい材料が出て、投資家が急いで売買し始めたと考えられます。まだ材料は新しく、この材料で動く人がこれから増えると予想されるので、この動きにはついていくのが良いでしょう。

47 ボリンジャーバンドから大きく外へ

Q46のJ社とK社チャートに、その後3ヵ月の動きを追加しました。

さて、売り、買い、様子見、どうする？

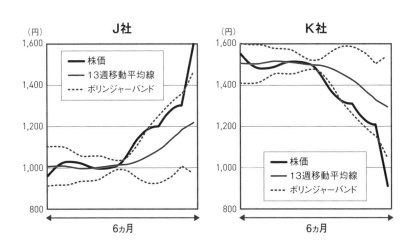

🔑 ポイント　パターンを頭に入れる

　Q46およびこの問題のJ社・K社は、売買シグナルの本質をついた問題ですので、その形状をしっかり頭に刻んでください。

　本書では、私が数式を使って作成したチャートの問題を解いていただくことを重視しています。過去実際にあったチャートから作る問題を解くことも大切ですが、それだけでは不十分です。というのは、実際に売買する時は、過去に見たチャートとまったく同じチャートに出会うことは無いからです。同じチャートは2度と現れませんが、同じパターンは何度でも現れます。したがって覚えるべきは、チャートのパターンです。

■ 短期的な行き過ぎ

　Ｊ社もＫ社も、ボリンジャーバンドの幅が広くなったところで、さらに株価が大きく動いてバンドの外に飛び出したところです。株価が短期的に「行き過ぎ」の可能性があるので、順バリ（上がっているＪ社を買い、下がっているＫ社を売り）で流れについていくのは危険です。ここは「様子見」が良いと思います。

　株価が「行き過ぎ」で逆に動く可能性を考えて、逆バリ（上がっているＪ社を売り、下がっているＫ社を買う）も面白いと思います。ただし、逆バリは常に危険な賭けです。そのままの勢いで株がどんどん上がる、または下がっていく可能性もあるからです。

　Ｊ社は急騰を始めてからまだ60％しか上がっていません。短期的に株価が過熱しているので、目先株価が反落する可能性があります。ただし、人気の小型成長株では、スピード調整してから再度上昇し、株価が２倍・３倍になっていくこともあります。

　Ｋ社は、下落スピードが速すぎるので、短期的にリバウンドする可能性があります。ただし、急落を始めてからまだ40％くらいしか下げていないので、さらに下がって半値以下になることもあり得ます。成長ストーリーが崩壊した小型成長株の場合、株価はピークから「半値八掛け二割引」になる、つまりピークから３分の１くらいまで下がることもあるので、注意が必要です。

　逆バリと順バリの使い分けについては、第６章でさらに詳しく学びます。

Q 48 再びボリンジャーバンドの中に

L社は約3ヵ月前、M社は約4ヵ月前に1,100円で100株買いました。買ってから一時1,900円まで上昇しましたが、その後下がっています。L社は1,350円、M社は1,750円まで下がってしまいました。

L社とM社、売るならどっち？

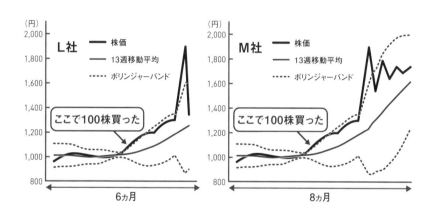

!(ヒント) **急騰後の株価の違い**

両社とも、Q47のJ社のその後です。2つのパターンを示しています。

Q46でJ社は、ボリンジャーバンドの幅が狭いところから株価がポンと上昇して1,100円をつけ、上のバンドを超えたところでした。そこは買いの好機で、実際に100株買ったとします。

Q47でJ社は1,600円まで上昇し、バンド幅が広いところで上のバンドを突き抜けたところでした。ここは、「様子見」と解説しました。J社はその後1,900円まで上昇した後、反落しました。両社とも1,900円に上昇するまでは同じ動きですが、その先が異なります。

■ L社はとても危険な状態

　L社は、2週間で1,300円から1,900円まで急騰した後、たった1週間で1,350円まで下がりました。急騰前の水準に逆戻りです。急騰した時の買い材料が、「評価に値しない内容だった」「ガセネタだった」などの理由で全否定された形です。

　急騰時に飛びついた投機筋は、突然はしごを外された状態です。戻ったら売りたいと待ち構えているはずです。耐え切れずにすぐに損切りしてくるかもしれません。

■ M社はスピード調整を終え、再度上値を目指す可能性も

　M社株は急騰後、以下の通り、三角もち合いを形成。いずれ上か下に放れると思われますが、まだどちらかはわかりません。

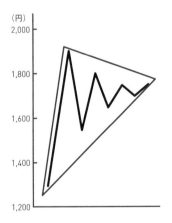

　ただ、三角もち合いの上辺の下げる傾斜より、下辺の上げる傾斜のほうが、勾配が急角度なので、この後、上放れする可能性のほうが少しだけ高いと考えられます。

49 損切りしたけれど株価は上昇

　N社4ヵ月の日足に25日移動平均線とボリンジャーバンド、売買高をつけたチャートです。チャート上に示している通り、3回ボリンジャーバンド・トレードを行いました。

　売買高増加に伴い株価が上のバンドを超えた「買い①」「買い②」で買って成功しました。バンドウォークで株価が上昇した後、バンドを割り込んだところで利益確定売りしました。ところが、「買い③」で買ったら失敗で、買った直後に下がって損切りしました。

売り、買い、様子見、どうする？

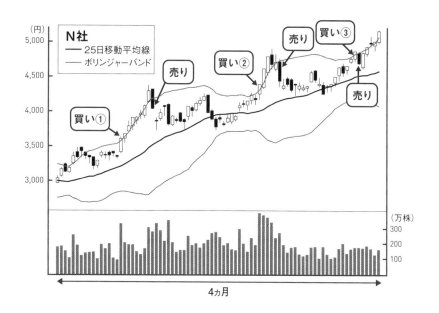

　以下3つの理由から、ここは買い増ししたいところです。

(1) 25日移動平均線は上向き（上昇トレンドが継続）。

(2) 前回の高値を超えている（戻り売りが出にくい）。

(3) 上のボリンジャーバンドを超えた（上昇に勢い）。

　ただし、以下2つの理由から様子見としても問題はありません。

(1) 売買高が増加していない。

(2) 上のバンドを超え、しばらくバンドウォークした後である。

■ この後、株価は下落。買ったはいいが損切りを迫られる

　N社株のその後の動きは、次のQ50で見ることができます。残念ながら、買いは失敗で、損切りとなりました。

　ただし、この問題の正解は「買い」または「様子見」です。「売り」は結果オーライでも正解ではありません。このタイミングで売るべき理由は、チャート上にはありません。

　本書では、皆様に現実のトレードを疑似体験していただくために、売買シグナルにしたがって売買しても失敗する事例をたくさんお見せしています。シグナルが外れたら速やかに損切りするだけです。淡々とシグナルにしたがって売買し続ければ、外れよりも当たりのほうが多くなり、少しずつ利益を増やしていけることがわかるでしょう。

ポイント 「週足＆13週移動平均」か「日足＆25日移動平均」か?

　日中、株価変動を見ていられない人は、週足と13週移動平均線を使った中長期トレードをメインにしたほうが良いと思います。短期トレードを繰り返して少しずつ利益を積み上げたい方は日足と25日移動平均線（または、もっと短期の移動平均線）を使ってトレードすべきです。

50 またしても高値

Q49 のN社のその後です。

N社株は、切り返して再び高値を更新。

ここは、売り、買い、様子見、どうする？

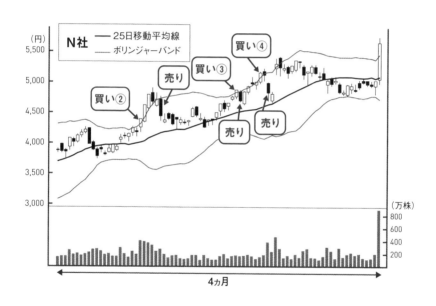

4ヵ月

🔑 ポイント　短期のバンドのシグナルには「ダマシ」もある

　移動平均線やボリンジャーバンドの期間を短く設定するほど、売買シグナルの出現頻度が上がります。株価は簡単にバンドの外に出ます。たくさん売買シグナルが出て、ハズレ（ダマシ）も多いのが、短期のシグナルを使ったトレードです。それでも、ハズレよりは当たりのほうが多いので、シグナルに従って売買する意味はあります。

買うべき理由が5つあります。

(1) 「大陽線」をたてた→相場の強さが出ている

(2) 売買高が急増→何かすばらしい買い材料が出ているらしい

(3) 売買高急増の初日である→買い材料が新しい

(4) 新高値をつけた→戻り売りが出にくい

(5) 株価が上のボリンジャーバンドを超えた→株価に勢いがある

　実際、N社株はその後、この通り、大幅に上昇しています。

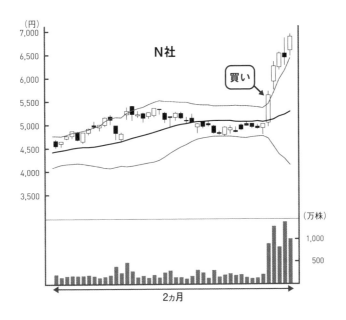

　ここで大切なことは、N社のチャートでは上昇トレンドが確認できたことです。トレンドが出ている株は、利益を稼ぎやすいので、積極的にトレードすべきです。一方、トレンドがなく、行ったり来たりのボックス相場では、あまり利益を稼ぐことはできません。

　トレンド相場かボックス相場かを見極めながらトレードすることが大切です。それを次章で学びます。

荒れ馬「日経平均」を乗りこなす「積み立て投資術」

本書ではチャートをきちんと見て売買するトレーニングを提供していますが、「チャートを見ているヒマなんかない」人がたくさんいることも知っています。

そういう人におすすめしたいのが「インデックスファンド」の「積み立て投資」です。インデックスファンドとは、世界各国の株価指数などに連動するように設計されている投資信託のことです。日経平均インデックスファンドなど乱高下を繰り返す資産への投資では、月々1万円、2万円などと金額を決めて積み立てていくのが効果的です。積み立て投資の威力を理解していただくために、簡単な例を作りました。まず、以下のクイズを解いてください。

■【問題】どちらの投信に投資する?

以下の投信A・投信Bに、1ヵ月後と2ヵ月後に1万円ずつ投資したとして、3ヵ月後の資産価値は、どちらが大きいでしょう?

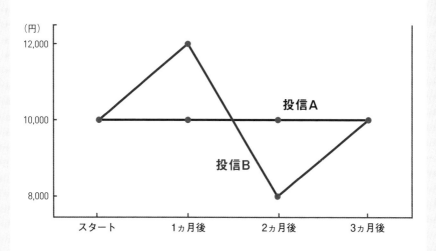

■【答え】投信Bに投資したほうが得

　投信Aでは、投資した2万円が3ヵ月後も2万円のままです。値動きがないので損も得もしません。一方、投信Bでは投資した2万円が2万800円に増加します。

　投信Bは、1ヵ月後12,000円に上昇した時、1万円で0.83単位（＝10,000円÷12,000円）しか買えません。ところが、2ヵ月後8,000円に下がった後には1万円で1.25単位（＝10,000円÷8,000円）買えます。合わせて2.08単位、取得できます。3ヵ月後に価格が10,000円に戻れば評価額は20,800円となり、800円価値が増えています。

　このように乱高下する資産への投資で、積み立て投資は威力を発揮します。

■ ファンドマネジャーにとって嬉しかった「積み立て投資」

　私は25年間、年金・投資信託などの日本株を運用するファンドマネジャーでした。ファンドマネジャー時代に、とても残念に思ったことと嬉しかったことがあります。

　まず、残念なこと。私が運用していた公募投信（日本株のアクティブ運用ファンド）では、日経平均の高値圏で設定（買い付け）が増えるのに、安値圏ではほとんど設定がありませんでした。

　次に、とても嬉しかったこと。私が運用していたファンドが、DC（確定拠出年金）の運用対象となり、多数の企業に採用していただいたことです。DCでは、毎月一定額の設定が入り続けます。加入者の方に給与天引きで積み立てしていただきました。

　日経平均が大暴落して世の中全体が悲観している時は、絶好の投資チャンスとなります。ファンドマネジャーとしては、そんな時こそ、しっかりと投資を増やしてほしいと思います。公募投信ではそういう時に設定が入りませんでしたが、DCファンドでは淡々と積み立てが入ってきました。

第 6 章

トレンドかボックス
か見分ける

■ トレンド相場、ボックス相場とは?

相場には、大きく分けて2種類あります。

・トレンド相場：上昇トレンドまたは下降トレンドが続く
・ボックス相場：一定範囲で上がったり下がったりを繰り返す

ここで、読者の皆さんに質問です。皆さんは、トレンド相場とボックス相場、どちらが好きですか？　あるいは、得意ですか？
「ボックス相場が好き」ならば、失礼ながらおそらく初心者かと思います。あるいは長年にわたってトレードしているけれど、あまりうまく稼げないと悩んでいるのではないでしょうか。

(1)トレーディングで稼ぎやすいのはトレンド相場

「買い」ポジションを持って上昇トレンドが続く限り持ち続ければ、大きく利益が膨らみます。1日中株価を見ることができる人ならば、上昇トレンドで「買い→売り」を何回も繰り返して稼ぐ方法もあります。

ただし、大損することがあるのもトレンド相場です。下降トレンドに入っている銘柄を損切りしないで持ち続けると、大きく損失が膨らみます。下げトレンドに入ったら、問答無用に「売り」です。トレンドに素直についていくことがトレーディングで稼ぐ鉄則です。

(2)ボックス相場では、あまり大きな利益が得られない

狭い範囲で行ったり来たりを繰り返すので、ちまちまと何回もトレードすることができます。何回も勝てば気持ちいいですが、利益はあまり大きく膨らみません。

ここで、トレンド相場で稼ぐ「鉄則」をお伝えします。

・トレンドに乗る
・損切りは早く、益出しは遅く

個人投資家、特に初心者の欠点は、「益出しが早く、損切りが遅い」ことです。「含み益」は絵に描いた餅にならないように早く「利益確定」したい、「含み損」は「損失確定」しないで待っていればいつか株価が回復するかも、という心理があるようです。

「益出しが早く、損切りが遅い」と、良い銘柄を早々に手放して悪い銘柄だけを残すことになります。そういうやり方だと、以下のようにボックス相場でちまちまと稼いでも、上昇トレンドで稼げずに下降トレンドで大損します。

　次のチャートは、「4回トレードして3勝1敗」ですが、トータル損益はマイナスです。初心者に多い売買パターンで、益出しが早く、損切りが遅いことが特徴です。

初心者に多いトレードのパターン

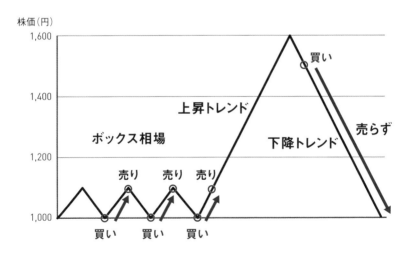

　上級者は、ボックス相場ではあまり動きません。上昇トレンドが出たところで買って、トレンドが続く限り保有します。下降トレンドの初期に買ってしまった場合は、速やかに損切りします。

株の売買シグナルには、大きく分けて2種類あります。

・トレンド系（順バリ）シグナル：トレンド相場で有効
「上昇トレンド」「下降トレンド」継続を示す。上がっている株がさらに上がる、下がっている株がさらに下がることを示唆。
（例）13週移動平均線が上向きだから「買い」

・オシレーター系（逆バリ）シグナル：ボックス相場で有効
「売られ過ぎ」「買われ過ぎ」を示す。上がっている株が下げに転じる、下がっている株が上げに転じるタイミングを読む。
（例）13週移動平均線からの上方かい離率が30%だから「売り」

　トレンド相場では、トレンド系シグナルがよく当たります。トレンドが出ている時にオシレーター系シグナルを使うと失敗します。
　トレンドの転換点ではオシレーター系が有用です。ただし、いつどこでトレンドが転換するか、誰にもわかりません。たとえば、株価が暴落して13週移動平均線からの下方かい離率が30%になったから「売られ過ぎ」と判断して買ったらさらに暴落。下方かい離率が40%になって損切りした直後に急反発、もあり得ます。

■ 短期トレードは、順バリが鉄則
　成功する可能性が高いのは、トレンド系です。短期トレードに徹するならば、トレンド系だけ見たほうが良いと思います。一番の狙い目は、ボックス相場がトレンド相場に変わる時です。
　オシレーター系は、長期的には正しくても、短期的には外れる可能性が高いので短期トレードには向きません。

Q 51　一見似ている2つのチャート

A社とB社、買うならどっち？

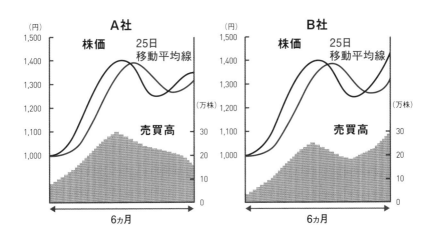

🔑 **ポイント**　「もうはまだなり、まだはもうなり」

　相場格言の1つ。トレンドがどこまで続くか予想してもなかなか当たらない、予想は難しいことを表します。「上昇トレンドがもう終わると思って売ったらそこからまだ大きく上昇する。まだ上がると思って買ったらもう天井圏で株価は下がってしまう」という意味です。同様に「下降トレンドがもう終わると思ったらまだ続く、下降トレンドがまだ続くと思っていたらもう終わる」という意味もあります。

　この格言に表れているように、トレンド相場が続くかボックス相場になるかを読むのは、トレーディングをする上で重要な永遠のテーマです。

　上のA社とB社で、6ヵ月前に始まった上昇トレンドがまだ続きそうなのはどちらでしょう？

　B社には新たな買い材料が加わったと思われます。

　B社は、売買高が増加して、高値を更新しています。買い材料がさらに増えて、上昇トレンドが続く可能性が高くなったと考えられます。

　一方、A社は売買高が減少しています。最初に出た買い材料はもう織り込み済みで、ここからさらに上値を買ってくる投資家は増えないと考えられます。目先、上下とも動きにくいボックス相場になるように見えます。

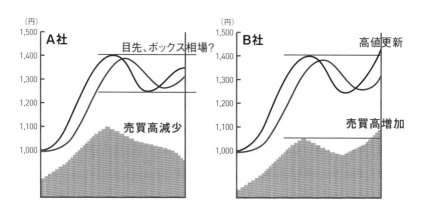

52

値動きが少しずつ小さく

C社、D社、E社、買うならどれ？

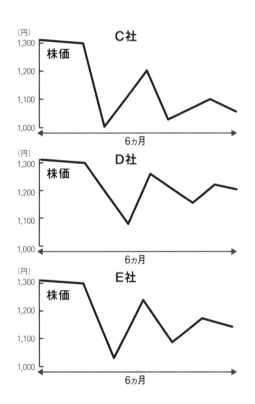

(!) ヒント ｜ **三角もち合い**

　3社とも、5ヵ月前に急落。下落→上昇→下落→上昇を繰り返しながら、三角もち合いを形成しつつあります。徐々に値動きが小さくなり、収束点が近づいている可能性があります。

　三角もち合い（ボックス相場）が続いている3社、いつになるかわかりませんが、トレンド相場に戻る可能性があります。その時、上へ行く可能性が高そうなのはD社です。

　上辺の傾き（上値が切り下がる角度）と、下辺の傾き（下値が切り上がる角度）を比較してください。D社は上値が切り下がる角度より下値が切り上がる角度のほうが大きいので、今後株価が上放れする可能性があります。

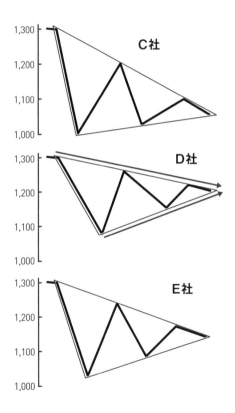

　一方、C社は、上値が切り下がる角度のほうがきついので、今後下放れする可能性があります。E社は、上値の切り下がる角度と下値が切り上がる角度が等しいので、今後どちらに動くかは推定できません。

53 急落後に急反発

F社の1ヵ月半の日足ローソクチャートです。

売り、買い、様子見、どうする？

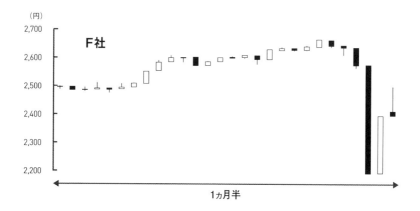

（円）

2,700

F社

2,600

2,500

2,400

2,300

2,200

1ヵ月半

🔑 ポイント **ボックス圏かトレンドか？**

　2,500-2,600円のボックス圏で推移していたF社が突然、急落した後、急反発したところです。このまま元の価格帯まで戻ると考えるべきでしょうか。あるいは、下落トレンドが続くと考えるべきでしょうか？

F社のその後3日の動きをつけたのが、以下です。

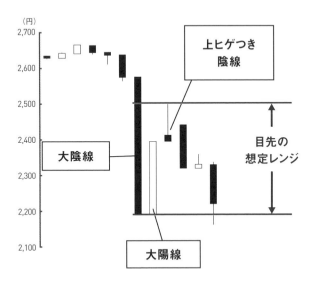

F社は値動きが乏しいところから、いきなり大陰線を出して急落しました。1日で383円（15％）下がる暴落です。とんでもない悪材料が飛び出したに違いありません。

大陰線を打ち消す「さらに長い大陽線」がすぐに出ない限り「下落モメンタム」は消えません。翌日に出ている大陽線は、前日の大陰線より短く、下落モメンタム（勢い）を消すことはできません。次に「上ヒゲつき陰線」が出ています。長い上ヒゲがついていて、戻り一服（株価の上昇が止まること）の可能性が高いと感じさせます。

目先の想定レンジは、チャートの通りです。売りと判断すべきでしょう。

54 急上昇後に急落

G社の1ヵ月半の日足チャートです。

売り、買い、様子見、どうする？

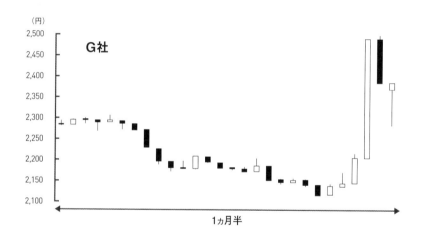

ポイント ボックス圏かトレンドか？

弱含みで推移していたG社株が急騰した後、急反落したところです。上昇相場は終わり、元の価格帯まで下がってしまうと考えるべきでしょうか。あるいは上昇トレンドが続くと考えるべきでしょうか？

　G社は、Q53のF社と正反対のパターンです。上昇モメンタムが途切れていないので買いたいところです。

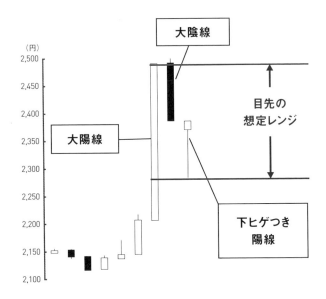

　株価2,200円の時に強い買い材料が出て急騰しました。ただし、この材料でどこまで上昇するのが妥当かは、誰にもわかりません。2,500円近くまで上がった時「これは買われ過ぎ」と考えて売る投資家が増え、急反落しました。ただ、2,280円まで反落したところでは「売られ過ぎ」と考えて買う投資家が増えました。したがって、目先は2,280円から2,500円のレンジで推移する可能性があります。買いの勢いが強いので、もう一度上値をトライすると考えられます。

株価にトレンドが出やすいのは、どっち？

それぞれ1つずつ選んでください。

（1）「小型成長株」それとも「高配当利回り株（大型割安株）」？

（2）「景気敏感株」それとも「ディフェンシブ株」？

（3）「東証マザーズ上場株」それとも「東証一部上場株」？

📍ポイント　景気敏感株、ディフェンシブ株とは？

　景気敏感株とは、景気変動が企業業績に与える影響が大きい業種に属する企業の株です。電機、機械、自動車、鉄鋼、非鉄、石油、化学、海運、総合商社などが含まれます。

　ディフェンシブ株は、景気が企業業績に与える影響が相対的に小さい業種に属する企業の株です。景気中立株と言われることもあります。食品、医薬品、情報通信、日用品小売業（食品スーパー、100円ショップ、コンビニ、ドラッグストア、カジュアル衣料品など）、化粧品、トイレタリー製品、電力、ガスなどが含まれます。

　コロナ禍で大きなダメージを受けたので、ディフェンシブのイメージが低下したものの、電鉄、日常食の外食（ファミレス、回転寿司、牛丼、天丼、餃子、うどん、ハンバーガーチェーンなど）も本来はディフェンシブ株です。

■ 小型成長株はトレンドが出やすく、高配当株はボックスに

　高配当利回り株は、株価が下がるほど利回りが高くなるので、利回りによって下値が支えられます。1株当たりの配当金が40円で株価1,000円ならば配当利回りは4％ですが、株価が800円まで下がれば利回りは5％に上がります。ただし、減配（業績悪化などを理由に配当を減らすこと）になると下値メドがなくなります。

■ 景気敏感株は値動きが荒く、ディフェンシブ株はゆるやか

　景気敏感株は景気変動に伴って、業績も株価も乱高下します。ディフェンシブ株は相対的にゆるやかな変動になります。

■ 東証マザーズ株は値動きが荒い

　東証マザーズは売り買いが一方通行になりがちです。トレンドに逆らってはいけません。

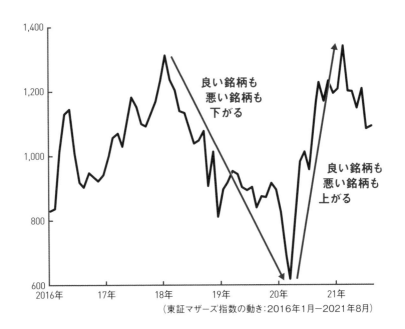

（東証マザーズ指数の動き：2016年1月−2021年8月）

56 　下落はどこまで続く?

H社の3ヵ月のチャートです。

売り、買い、様子見、どうする?

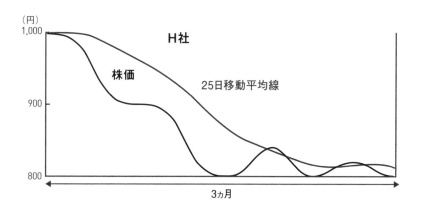

今回はチャートだけでなく、以下も考慮してください。

（1）H社の予想配当利回りは6.25%

　H社が発表している1株当たりの年間配当金は50円。「配当利回り＝（1株当たり配当金）÷（株価）」なので、3ヵ月前、株価1,000円の時、予想配当利回りは5%でした（50÷1000＝5%）。株価が800円まで下がった今は6.25%（50÷800＝6.25%）。1株当たりの配当金が変わらなければ、株価が下がると配当利回りは上がります。

（2）財務内容は良好

（3）過去10年、安定配当（減配も増配もない）

（4）H社の株価下落は日経平均下落に連動したもの

　株価が1,000円から800円に急落したのは、日経平均急落の影響です。H社固有の悪材料は無いと考えられます。

■ チャートだけから判断すれば「様子見」が無難

H社は1,000円から800円まで株価が急落した時に発生した「下落モメンタム」がまだ完全には消えていません。25日移動平均線が下向きで、株価が25日移動平均線より下にあるからです。投資するのは、25日移動平均線が上向きになり、株価が25日移動平均線より上に出るまで待ったほうが良いと思います。

それでは、チャートだけ見てここで「売り」と判断できるでしょうか？　できません。株価は過去1ヵ月半、800-850円の範囲でボックス相場となっていて、25日移動平均線が下向きから横ばいに変わりつつあるからです。「下落モメンタム」が少しずつ弱まりつつあるところです。ここからもう一度、下値をトライにいくか、このまま底値圏でのボックス相場となるか、チャートだけでは判断できません。

■ 予想配当利回り6.25％の高配当利回り株として「買い」

本書は「チャートで稼ぐためのトレーニング本」です。ただし現実には、私たちはチャート以外の要素も見ながら判断します。

財務内容が良好、過去10年減配したことがない安定配当株であることを考慮すると、短期的な下値リスクが残っていても、長期投資で買っていって良いと判断します。

Q56 のＨ社のその後です。高配当利回り株として 100 株買ったら、直後に悪材料。Ｈ社が長年にわたり検査不正を行っていたことが発覚しました。30 年以上にわたり出荷してきた製品の検査データを捏造していました。これに対し巨額の課徴金が科せられることが確実で、さらに出荷先企業から訴訟が引き起こされる見通しです。

この問題を受け、Ｈ社は赤字に転落、配当金は支払えなくなる見通しです。

ここから売り、買い増し、様子見、どうする？

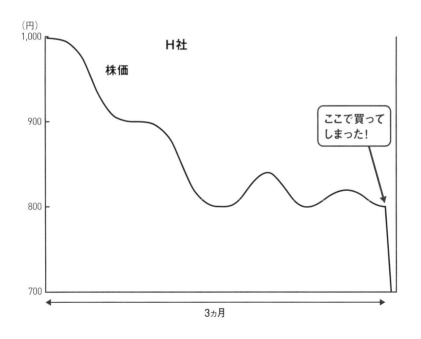

■ 売りシグナルが出たら売るだけ

　株の売買を何十回、何百回とやっていけば、超ラッキーなトレードにも超不運なトレードにも出くわします。私はファンドマネジャー時代、何万回というトレードをしてきましたから、超ラッキーも超不運も何度も経験しています。どんなことがあっても冷静に「ダメな銘柄は売る」を徹底できることが長期的に勝つために必要です。

■ 精神的ショックを引きずると損失はどんどん膨らむ

　「800円で買った株がいきなり700円」とは、とんでもない不運です。でも700円で売れば100円の下げで済みます。とんでもない不運に見舞われた時に100円の損失で済ますことこそ、トレード妙味です。700円で損切りした株が500円まで暴落したら、私はガッツポーズしていました。超不運で大損しなければ、次に超ラッキーがくることを知っていたからです。

　でも、人間は感情の動物です。超不運に見舞われると動転します。完璧なピッチングを続けていた投手がソロホームランを打たれた後に急に大崩れするように、精神的ショックを引きずったままトレードすると判断ミスが続きます。

　私が本書で、買った直後に急落する問題を何度も出すのは、超不運を疑似体験してもらうためです。実際のトレードでこんな目にあっても「ああ、これか。損切りするだけだ」とクールに対応できるようになってほしいからです。

58

売上高と純利益

東証マザーズ上場のI社の3ヵ月チャート、業務内容、業績推移です。

売り、買い、様子見、どうする？

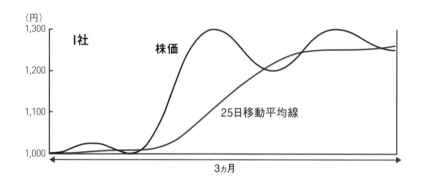

（1）業務内容

サラリーマンの起業をサポートするITベンチャー。ECサイト作成、運営に加え、商売で成功するきめ細かなサポートが好評。副業を始めるサラリーマンの急増で業績急拡大。

（2）I社の業績推移

決算期	2019年12月期 （実績）	2020年12月期 （実績）	2021年12月期 （実績）
売上高	40億円	60億円	90億円
純利益	▲14億円	▲6億円	6億円

（▲は赤字を示す）

有力な競合相手はなく、22年12月期以降も5割ペースの売上拡大が続くと期待される。

■ チャートだけで判断するならば「様子見」

株価は、1,300円の高値を2回つけて反落しています。2番天井をつけて下がっていくように見えないこともありません。ただし、25日移動平均線が上向きで、上昇トレンドが続く可能性も残っています。どちらかわからず、様子見が妥当です。しばらく、1,200〜1,300円の範囲のボックス圏で推移しそうです。

■ 成長株としてブレイクする可能性あることを考慮して「買い」

2021年度までの業績推移から、Ⅰ社は成長株投資の最も美味しいところに差し掛かっていると考えられます。年率50％で売上が急拡大し、ついに黒字転換を果たしたからです。

有力な競合相手がなく、年率50％の売上拡大が続くならば、利益は24億円・51億円と急拡大が見込まれます。

決算期	19年度 （実績）	20年度 （実績）	21年度 （実績）	22年度 （予想）	23年度 （予想）
売上高	40億円	60億円	90億円	135億円	203億円
純利益	▲14億円	▲6億円	6億円	24億円	51億円

（▲は赤字を示す。粗利率50％、変動費率10％を前提に試算）

IPO後から1年間右肩下がり

J社は1年前に、公募価格2,000円、初値2,800円で東証マザーズに上場しました。上場後1年のチャートと業績予想です。

売り、買い、様子見、どうする？

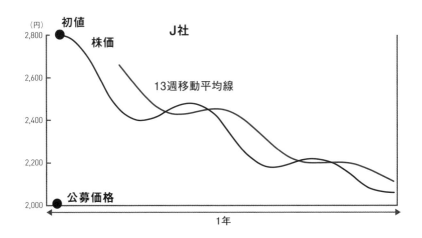

〈J社業績〉

決算期	前期（実績）	今期（予想）
売上高	500億円	700億円
国内	400億円	500億円
海外	100億円	200億円
純利益	▲120億円	▲40億円
国内	100億円	140億円
海外	▲220億円	▲180億円

（▲は赤字を示す）

■ チャートだけで判断するならば「様子見」か「売り」

　J社は13週移動平均線が下向き、ゆるやかな下げトレンドが続き、下げ止まりのシグナルはありません。

■ 成長株としてブレイクする可能性があるので「買い」

　J社も、成長株投資の美味しいところに近づいている可能性があります。国内事業だけ見ると、売上400億円→500億円、純利益100億円→140億円と、既に高収益の高成長企業です。海外事業で大きな赤字を出しているために、会社全体の利益は赤字が続いています。ただし、海外事業も売上は100億円→200億円と急拡大しています。先行投資負担が重くて大きな赤字を出していますが、海外売上の成長が続けばいずれ海外も黒字化するでしょう。

　J社の売上が来期以降、900億円→1100億円と拡大していくと、純利益は40億円→120億円と黒字を拡大していくと試算されます。ただし、現時点では下げ止まりと判断できないので、しばらく「様子見」しても良いと思います。

■ 新規公開株（IPO）は上場から半年〜1年後が狙い目

　上場後の初値は、高い成長期待から割高につくことが多いです。初値をつけた後しばらく株価が下がり、株価が落ち着いてくる半年〜1年後が投資の好機と判断しています。

60

同業他社との比較

K・L・M・N・O社の過去6ヵ月の株価と売買高です。5社はすべて、水素エネルギー関連の本命と株式市場で考えられている銘柄です。

K社は、売り、買い、様子見、どうする？

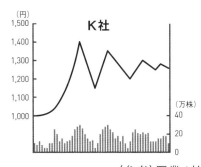

〈参考〉同業4社の株価チャート

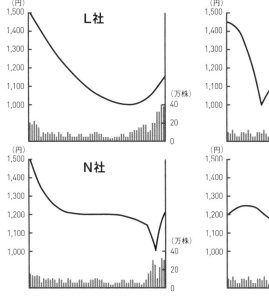

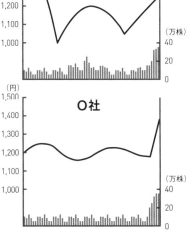

■ K社のチャートだけで判断するならば「様子見」

K社は三角もち合いが収束しつつあるところです。そろそろ上放れまたは下放れしそうですが、どちらかはわかりません。

■ 水素関連株が一斉に上昇、ここは「買い」

K社のチャートだけ見ていても、上に行くか下に行くかの見当がつきません。ところが、同じ水素関連のL・M・N・O社がすべて売買高の増加に伴って上昇し始めていることを考えると、K社にもまもなく買いが波及すると考えられます。以下のようにK社も上昇すると予想されます。

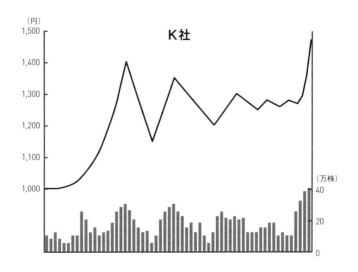

■「株探」のテーマ別銘柄サーチが役立ちます

「株探」（https://kabutan.jp/）の銘柄サーチ機能をぜひ使ってみてください。株式市場で気になるテーマ名を入力してサーチすると、関連銘柄がいろいろ出ます。株価チャートは1つだけ見ていてもわからないことが多いものの、同テーマのチャートを複数同時に見ると、テーマごとの株価の動きがわかります。個々の銘柄もテーマの流れに沿って動くことが多いです。

自分自身のリスク許容度を知る

「敵を知り己を知れば、百戦して危うからず」とは孫子の兵法の教訓です。孫子の兵法には株式投資に通じる知恵が豊富に含まれているので、私は座右の書としています。「（投資の）リスクを知り、（自らの）リスク許容度を知っていれば、運用で危うい目にあいにくくなる」と解釈できます。

　自分のことは自分が一番よくわかっていると思っている人が多いようですが、それが落とし穴となります。自分が投資している資産が急騰急落する時、冷静さを保てるか否か、きちんと理解している人は少ないからです。

　考えるヒントとして、以下のチャートをご覧ください。これは、高リスク・高リターンの投信Aと、中リスク・中リターンの投信Bの4年間の基準価額変動（イメージ図）です。

投資パフォーマンス

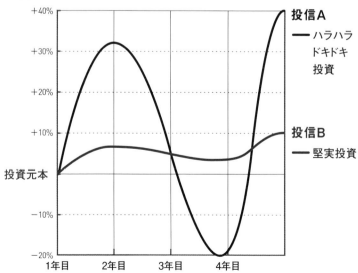

■ リスク許容度は人それぞれ違う

　皆様が、4年間使うあてのない余裕資金100万円を持っているとして、投信Aと投信Bのどちらに投資したいですか。投信Aは4年後に40％値上がりします。年率10％の良い利回りが得られます。一方、投信Bは4年後に10％の値上がりに留まります。年率2.5％の利回りです。

　どちらに投資すべきか、皆様のリスク許容度で決まります。4年後に40％値上がりする投信Aが、毎年10％ずつ値上がりしていくファンドならば申し分ありません。ところが、相場の神様は、時にとても意地悪です。4年後に40％上昇するファンドAは、3年後にマイナス20％という元本割れの試練が待ち受けています。ここでパニックになって売ってしまうようならば、投信Aに投資するのに十分なリスク許容度を備えていなかったことになります。

　十分なリスク許容度がない人は投信Bを選ぶべきです。投信Bは4年後に10％しか値上がりしていませんが、このゼロ金利時代にあっては立派な投資成果と言えます。

　高リスク・高リターンの商品と、低リスク・低リターン（または中リスク・中リターン）の商品を組み合わせると、適切なリスク許容度の商品になることもあります。たとえば、上記の投信A・投信Bを半々ずつ持てば、全体のリスクを軽減できます。

　すべての投資商品は、高リスク・高リターンか、低リスク・低リターン（中リスク・中リターン）に分類できます。期待リターンの高い商品に投資するほど、途中でハラハラドキドキする可能性が高くなります。もし、期待リターンの高い投信Aに投資したいが、大きな価格変動に耐えられないならば、毎月定額を投資していく積み立て投資を選ぶのも良いと思います。

■ 小型成長株がおもしろい時代に

　21世紀になり、第4次産業革命と言われる経済の構造変化が急速に進んでいます。これにともない、東証マザーズなどに上場する小型株から高成長企業がたくさん現れる時代となりました。

　古いビジネスモデルにとらわれている大企業が衰退する中、創業10－20年で30－40歳代の若い創業社長が率いるユニークな企業が、急成長する時代になっています。

　日本には、残念ながら米国のGAFAM（グーグル・アマゾン・フェイスブック・アップル・マイクロソフト）のような世界のITインフラを支配する巨大成長企業は出てきていません。それでも、ユニークなサービスで成長するニッチ企業はたくさん出ています。これから、世界中でAI（人工知能）、IoT（モノのインターネット）、5G（第5世代移動体通信システム）、サービスロボットの活用が加速するにつれて、日本でも業歴の若いベンチャー企業からたくさんの成長企業が出ると思います。

　このような大きな変化をもたらす根幹にあるのが、産業構造の変化です。製造業が衰退し、IT産業が飛躍する局面となりつつあります。

　20世紀には、製造業で世界トップに立つことが、成長企業となる条件でした。なぜならば、20世紀は、「モノ」の豊かさを求めて人類が努力した時代だったからです。生活を豊かにするモノを開発し、いちはやく安価に大量生産する技術を確立した製造業が、成長した時代でした。

　ところが、21世紀に入り、状況は変わりました。製造業で稼ぐのが難しい時代になりました。モノは人気が出て一時的に不足しても、すぐ大量供給されて、価格が急落するようになりました。製造業では、韓国・台湾・中国および日本企業が、利益度外視の過当競争を繰り返すようになってしまいました。

　このように、モノが余る時代となる中、恒常的に不足しているのが良質なサービスです。医療・介護・保育・防犯・警備・教育・宅配ドライ

バー・熟練建設工など、良質なサービスが不足している分野はたくさんあります。サービスは、モノのように工場で大量生産することができないので、人手不足が続く中、良質なサービスは恒常的に不足するようになりました。

そこで、良質なサービスを安価に大量供給する仕組みを作った企業が、21世紀の高成長企業になります。人間にしかできなかった良質なサービスをITで安価に大量供給する仕組みを作った企業が、高成長企業と目されるのです。

Eコマースは、リアル店舗を作るコストを省き、ネットを通じて、小売りサービスの量産を可能にしたものです。小売りだけでなく、金融、医療サービス、人材あっせん、コンサルティング、教育、測量、旅行手配、予約サービスなどさまざまな分野で、リアルをネットが代替する時代となりつつあります。

今後、AI、IoT、5G、ロボットや、その応用分野（自動運転・フィンテックなど）から、21世紀の成長企業が多数出てくるでしょう。

■ 成長株の3条件

ファンドマネジャー時代、小型成長株を見つけるために、私は成長が期待される分野の企業をなるべくたくさん取材して投資企業を選別していました。年間100社以上の企業を取材して、投資先を選んでいたこともあります。

私は、成長株として投資を実行する前に、3つの条件をチェックしていました。3つの「高い」が満たされれば、成長株として「合格」と判断します。

〈成長株の3条件〉
（1）市場成長性：高い
（2）市場シェア：高い
（3）参入障壁：高い

今、ITによって、経済構造がらりと変わる時代です。成長株の候

補はたくさん見つかります。ただし、そこから、本当に成長する株を見分けるのが大変です。

　２番目までの成長条件を満たす（高成長市場で高シェア）企業は、けっこうたくさん見つかります。ただ、３番目の条件（参入障壁が高い）まで満たす株は、簡単には見つかりません。

　今までなかった新しいネットサービスを始め、需要が急増しているIT企業があると、投資家はそれを成長株としてはやします。そうなると、株価が大きく上昇します。ただし、その後が問題です。よくあるのは、新規参入が増えて、あっと言う間に過当競争になり、利益が稼げなくなることです。そうなれば、株価は暴落します。

　参入障壁が低いビジネスで成長できる期間はとても短くなっています。そのため私は、成長株の調査を行う時、３番目の条件（高い参入障壁）が満たされるか、念入りにチェックします。

■ 再び強調、「テンバガーを狙うならチャートを見よ」

　これからは、大化けする小型成長株がたくさん出る時代になると思います。その候補となる企業はたくさんあります。ただし、その中で本当に高成長する企業は半分以下しかないはずです。

　誰もが熱狂するような高成長が期待される株10銘柄のうち、本当に成長するのは４銘柄しかないとします。残り６銘柄は成長ストーリーが崩壊して終わると仮定しましょう。すると、４銘柄は株価が大幅に上昇しますが、６銘柄は株価が暴落します。ハズレ銘柄に投資してしまって、損切りできずに、持ち続けると大きな損失につながります。

　それでも小型成長株投資には、どんどんチャレンジしていくべきだと思っています。暴落する銘柄を早めに損切りし、本当に成長していく企業だけを長期保有すれば、４割しか本物の成長企業がなくてもそれで高いパフォーマンスをあげることができます。それが、成長株投資の本質です。

　成長株投資で大成功して財を成した人は、大儲けした銘柄の話をよくしますが、その陰には失敗銘柄を早めに損切りした話がたくさんあるはずです。それができたからこそ、本物の成長株で大儲けすることができ

たに違いありません。それが、成長株で稼ぐ「技術」です。

　失敗銘柄を早めに損切りすることが、高成長銘柄で稼ぐための条件です。ところが、成長期待企業の、成長ストーリーが崩壊していることに気づくには時間がかかります。失敗銘柄が失敗銘柄だと、はっきりわかった時は、株価は暴落して大けがした後です。そうなる前に、「なんか変」と思う段階で、すばやく損切りすることが必要です。

　暴落銘柄は暴落する前に、なんども「売りシグナル」を出しているものです。そこで売っていく必要があります。みんなが熱狂する高成長期待株なのに「株価がずるずる下げ止まらないのは変だな」と思った時に売っていかなければなりません。

　本書で学んだトレーディング術を生かし、皆さまが成長株でどんどん稼ぐようになっていくことを祈念しています。

　なお、本書の執筆において、ダイヤモンド社の書籍編集局、斉藤俊太朗様に貴重なアドバイスの数々をいただきました。この場を借りて御礼申し上げます。

2021 年 11 月　窪田真之

［著者］

窪田真之（くぼた・まさゆき）

楽天証券経済研究所 所長兼チーフ・ストラテジスト

1984年慶應義塾大学経済学部卒業、大和住銀投信投資顧問などを経て、2014年より楽天証券経済研究所チーフ・ストラテジスト。2015年より所長兼務。

日本株ファンドマネジャー歴25年。年間100社を超える調査取材をこなし、公的年金・投資信託・ＮＹ上場ファンドなど20代で1000億円以上、40代で2000億円超の日本株運用を担当。ベンチマークである東証株価指数（TOPIX）を大幅に上回る運用実績をあげてきた。

ファンドマネジャー時代の1999-2013年に毎週書いてきた投資情報「黒潮週報」は、英語・中国語に翻訳され、海外機関投資家に配布されてきた。中東・中国・東南アジアに出張し、機関投資家と直接対談してきた経験から、外国人投資家事情に精通。

楽天証券では2014年から現在まで、同社投資メディア「トウシル」にて月曜日から木曜日まで「3分でわかる！今日の投資戦略」を連載。月間200万ページビューを超える人気コラムとなっている。

企業会計基準委員会「ディスクロージャー専門委員会」委員、内閣府「女性が輝く先進企業表彰選考会」委員などを歴任。

著書に『IFRSで企業業績はこう変わる』（日本経済新聞出版）、『クイズ会計がわかる70題』（中央経済社）、『NISAで利回り5％を稼ぐ高配当投資術』（日本経済新聞出版）など。

2000億円超を運用した伝説のファンドマネジャーの

株トレ
──世界一楽しい「一問一答」株の教科書

2021年12月14日　　第1刷発行
2024年9月20日　　第13刷発行

著　者──窪田真之
発行所──ダイヤモンド社
　　　　　　〒150-8409　東京都渋谷区神宮前6-12-17
　　　　　　https://www.diamond.co.jp/
　　　　　　電話／03・5778・7233（編集）　03・5778・7240（販売）
装丁─────小口翔平＋嵩あかり（tobufune）
本文デザイン──松好那名（matt's work）
本文DTP───キャップス
校正─────円水社
製作進行───ダイヤモンド・グラフィック社
印刷／製本──三松堂
編集担当───斉藤俊太朗

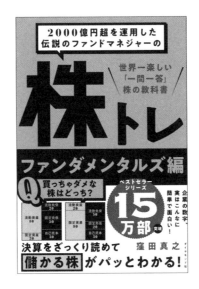

会社四季報、決算書を使った
銘柄選びがやさしくわかる！

初心者にもわかりやすい銘柄選びの方法を、個人投資家でもある公認会計士が解説。事例たっぷりで図表も豊富。売買タイミングのアドバイスも！

株を買うなら最低限知っておきたい
ファンダメンタル投資の教科書 改訂版

足立武志[著]

●A5判並製●定価（本体1700円＋税）

伝説のファンドマネジャーが語る
株式投資の極意

アマチュアの投資家がプロの投資家より有利と説く著者が、有望株の見つけ方から売買のタイミングまで、株で成功する秘訣を伝授。

ピーター・リンチの株で勝つ[新版]
アマの知恵でプロを出し抜け
ピーター・リンチ、ジョン・ロスチャイルド[著]
三原淳雄、土屋安衛[訳]

●四六判並製●定価(本体1800円＋税)